小貓流

為什麼我們拚命追求幸福，卻依然不快樂？

Why Our Search for Happiness Is Driving Us Crazy and How to Find It for Real

America the Anxious

Ruth Whippman

露絲・惠普曼 著　謝靜雯 李亭穎 譯

小貓流

獻給奈爾
以及小索與賽飛
愛你們

目錄

謝詞　快樂的終點

我不確定上輩子做了什麼好事，讓我有這樣的好運跟榮幸，能夠跟我的經紀人Steve Ross合作，他無比的善意、智慧和了不起的編輯眼光，足以扭轉我的人生，這裡的道謝不足以表達我的感激，遺憾的是，這是我在不獻出兒子的狀況下，所能致上的最深謝意。

另外還要感謝Abrams Artists Agency版權公司的David Doerrer和Kelsey O'Connell，也要向Abner Stein版權公司無懈可擊的Caspian Dennis致謝。感謝《紐約時報》的Peter Catapanod9刊登了啟發這本書的那篇原始文章，他縝密的編務流程令人印象深刻。

深深感謝St. Martin's Press的Jennifer Weis，謝謝她從一開始就滿懷熱忱地支持這項計畫，在編務上讓我能照自己的方式自由發揮，同時感謝她令人佩服的敏銳編輯力。也感謝St. Martin's Press 的Laura Clark、Tracey Guest、Staci Burt和Sylvan Creekmore，謝謝他們的協助。

我想感謝美麗的Jocasta Hamilton在編務上的指導、鼓舞士氣以及隨之而來的各種樂趣與歡笑，也感謝Hutchinson團隊裡的其他人。

感謝朋友和同事閱讀書稿和不同階段的草稿，並給予指教，包括Tara Conklin、Alisa Pomeroy、Tamar Antin、 Susie Meserve、Bill Bivens、Georgia Moseley、Rebecca Atkinson、 Charlotte Philby、Laura Martin-Robinson、Ana Balabanović、Nick Mamatas、Alf Lawrie、Susan Szafir、Adrienne Spangler、Michelle Feder，尤其是 Colm Martin和Sarah Gregory。如果有人讀到這段，發現我忘了把你列進來，那就表示我最喜歡你。

我無比幸運，能夠認識這一群聰明絕頂、富洞察力的人，他們以各種方式幫助我，包括分享自己在個別領域的專業，與我討論種種議題，並且提供情緒和實際的支援，尤其是Judd Antin、Hanna Simmons、Steve Simmons、Jill Egan、Hannah Michell、Stephanie Mackley、Philip Levine、Jonathan Levine、Meghan Lopez、Sally Mason、Jeff Greenwald、Nick Mailer、Linda Woolf、Orla Katz、Webb-Lamb、Wendy Ide、James Finberg、Jonny & Jane Girson，以及我那位獨一無二、不可思議的大姊姊Sarah Vaughan.

特別感謝美妙的Leigh Carroll，他是隨時待命的美式英文字典和所有美國文化事物的顧問，並提供諸多樂趣和友誼。

我非常幸運，能夠得到Dr. James Coyne這座智庫的協助，他協助我解讀學術論文、理解正向心理學文獻。

感謝Cindy Bortman Boggess的大力協助，她幫助我理解一些法律文件和相關議題。

Matt & Jenny Asay和他們的家人在協助我理解摩門生活和文化上居功厥偉，他們也正巧是地球上最美好的人。我深深地感謝他們。

感謝灣區生殖科學中心的Dr Susan Willman、Jennifer Alvarado，以及每一位美妙的職員。

深深感激Robyn Swan、Rina Moyal和東灣猶太社區中心的全員，謝謝你們在我工作期間，把我家的小鬼們照顧得這麼好。

永遠感謝我母親Constance Whippman，感謝她無與倫比的愛、啟發和各式各樣的支援（以及沒讓我買《少女世界》雜誌，免得摧毀我的人格）。我對其中一項科學研究特別有感觸（雖然沒寫進書裡），那就是，影響我們長遠快樂與成功的單一最大因素，就是母親的愛與溫暖。我有這樣的母親實在是太幸運了。

Solly和Zephy Levine——就算沒有人看出你們對這本書的功勞，可是，如果沒有你們兩個，我根本不懂什麼是快樂。

還有我最親愛的人，也是知己Neil Levine。我一直以為作者在謝詞裡寫「如果沒有我的先生，我絕對辦不到」是空洞老套的說法。現在我明白，就每個層面上來說，並非如此。謝謝你，我愛你，我的快樂終歸於你。

媒體讚詞

一個好奇有趣、動機很強的導遊所敘述的遊記。……書裡的快照拼綴成一幅令人不安的美國生活圖像……。她成功拆解了一些關於快樂的重大研究，說服我們，過度強調個人的快樂，等於替實際上能幫助人改善生活的社會福利系統開脫。

——《紐約時報書評》

露絲．惠普曼絕頂聰明；她的寫作是極品。

——《哈芬登郵報》，艾拉．以色列（Ira Israel）

正有必要……讀者真幸運。

——《新共和國》雜誌

以機智的眼光看待全國對快樂的執迷。書裡充滿了個人的插曲和走訪各個「趣味工程」公司的內部觀察，這樣的公司說服員工，長時工作會讓你更快樂。這本書讀來娛樂性十足、深具洞見。

——《好管家》雜誌

一部出眾有趣、引人深思的作品。

——《舊金山書評》

惠普曼在新書《焦慮的美國》裡探索價值數十億美元的快樂產業，以及探索美國人為何似乎總在尋找滿足卻遍尋不得。

——《VICE》藝文雜誌

惠普曼的報導處處有幽默十足的洞見……透過活潑明快的雙關妙句來傳達「她的」犬儒。

——《舊金山紀事報》

為什麼一個對快樂如此著迷的國家卻這麼不滿？爬梳過科學文獻之後，惠普曼提出一個答案……她以外來者身分的逗趣觀察和自謙的幽默，組合成引人入勝的作品。

——《科學美國人》雜誌

露絲．惠普曼寫了一本思考通透、風格優美、頗具分量的書。

——《今日心理學》雙月刊

露絲．惠普曼以別具洞見的敏銳散文，捕捉後期資本主義時代的荒謬性，俏皮的幽默感讓每一頁讀來皆樂趣十足。我想從大衛．佛斯特的《我絕不再碰的趣事》以來，就不曾有文化觀察讓我讀得這麼津津有味。《為什麼我們拚命追求幸福，卻依然不快樂？》不只娛樂性十足，也讓我們看到自己的文化用各種方式要求我們快樂，似乎只是讓我們落得悲慘兮兮。「這就是美國的真相！」這類書籍多不勝數，大部分都讓我厭惡，但這本書充滿魅力、令人捧腹。讀這本書就像與聰明到嚇人的朋友結伴周遊美國，這朋友不停戳著你的肋骨邊緣說：「你見著我看到的東西了嗎？」如果你想了解我們的文化為何在我們許多人心中激起純然的恐懼和疏離（我們往往不會意識到），讀讀這本書吧。

——《紐約》雜誌「請問波莉」專欄寫手及美國暢銷作家希瑟．赫里雷斯基（Heather Havrilesky），著有《如何在世上走跳》（*How to be a Person in the World*）

露絲．惠普曼直搗美國執迷於快樂的核心，以及我們為了得到快樂所做的各種奇特妙事。《為什麼我們拚命追求幸福，卻依然不快樂？》是本適時有趣的書，人人都該拜讀。

——《直面女性主義》和《性對象》的作者潔西卡．瓦蘭提（Jessica Valenti）

也許就是需要透過喜好探究的外來者，提出時常令人捧腹的冷面觀察，才能凸顯現代美國對快樂近乎著魔的追求有多荒謬，這項追求反倒讓我們不少人狼狽不已。英國作家露絲・惠普曼透過親身體驗，帶領讀者在百億快樂產業之中嬉鬧，迷人又敏銳。這一路上，幾乎碎解了這項「主張」——快樂是個人的責任以及單獨的奮鬥。令人感激的是，她呼籲恢復這個理念真正快樂的重點是深刻的社會連結、意義，終極目標則是人人享有公義。一本精彩——又重要的著作。

——得獎記者及《紐約時報》暢銷書作家布莉吉・舒爾特（Brigid Schulte），著有《不勝負荷》（*Overwhelmed*）。

揭露美國文化對快樂的文化驅力，既富趣味又帶啟發性，逗得我哈哈大笑。惠普曼這本書的整體論點相當重要。

——加州大學柏克萊分校的至善科學中心

住在美國的英國人揭露了她旅居國度快樂產業的黑暗面……令人捧腹的敘事充滿了諷刺觀察、個人插曲以及滑稽故事……放下這本書之後，讀者可能會同意作者的看法：如果我們想要快樂，真正需要的是停止追求快樂，而把焦點放在過更充實的生活上。機智詼諧、令人愉悅的讀物。

——《科克斯書評》重點書評

惠普曼機智詼諧、洞見處處的觀察，佐證以服人的資料數據，她揭開簾幕，展露快樂產業的可疑面向。推薦給對快樂或焦慮心理學有興趣的讀者，尤其是那些正在尋找該主題眾多指南書之外的另類選擇的人。

——《圖書館期刊》

讀來樂趣橫生。書裡的觀察機智又幽默，毫無惡意，態度誠實坦率。風格結合了遊記與調查。

——《母職時刻》（Motherhood Moment）部落格

極度犀利的英版比爾．布萊森。惠普曼對語言以及語言潛在的荒謬擁有布萊森般的敏銳……不過，這不只是個人的啟蒙旅程，也不是對瘋狂美國人的不以為然。本書嚴肅的出發點旨在警告快樂如何成為政府和雇主的武器，目標是讓人民工作得更賣力、工時更長。

——《週日泰晤士報》（倫敦）

我很愛這本書。寫得真好，如此機智和詼諧，閱讀的時候，我常常忍不住羨慕露絲．惠普曼對語言的駕馭自如。這本書引人入勝、易讀，跟我們息息相關……我欣賞她將研究奠基於自己的生活，這些實例研究真是妙透了！摩門教徒！拉斯維加斯那個滑稽的城鎮！這本書精彩極了。大家追尋快樂用錯了方法，實在需要讀讀這本書。我真的、真的讀得不忍釋卷，還四處向人宣傳推薦。

——《紐約時報》和《今日美國》的暢銷作家瑪里安・奇斯（Marian Keyes），

著有《壽司入門》（*Sushi for Beginners*）

露絲・惠普曼寫了本令人讀了捧腹大笑的書，書中檢視美國人在追尋快樂時如何走偏了路……這本書真正的價值——除了惠普曼無比的機智之外——在於它頌揚了人類情感與連結的複雜度。

——紐約時報暢銷作家泰菈・康克林（Tara Conklin），

著有《屋女孩》（*The House Girl*）

第一章

初到美國

我到婦產科診所做抹片檢查，雙腳跨在腳架上，心裡想著，如果有人對著妳的陰道說話，美國禮儀大師艾米莉・波斯特（Emily Post）會建議聊什麼才得體？

因為我先生的工作變動，我們從倫敦搬來美國，已經住了好幾個月。身為英國人，理論上我應該很會應付這種尷尬場面，畢竟我們英國人的社交專長就是對明目張膽的親密關係否認到底，為了不用面對任何狀態（無論是肉體上或情緒上）的赤裸，我們總是討論天氣、客套寒暄，硬著頭皮、勇往直前。

無奈的是，在美國以英國口音聊天，就算是在最正常的情況下，感覺都像是誤闖夜店、格格不入的圖書館員，或是被鐵鉗夾住舌頭講話。不過，既然我都來了，接下來有好幾年的時間，我都得背負著這個礙事的做作語調，直到搬回英國為止。到時候，我就不必為了融入環境而嘗試說「超酷！」、「讚喔！」、「混帳！」

還好這次我根本不用擔心，因為都是醫師在講話。她拿陰道鏡往我體內深處探索的同時，也往我內心世界鑽得更深。聽起來她正在讀葛瑞琴・魯賓（Gretchen Rubin）的暢銷書《待在家裡也不錯：過得還不錯的一年2》（*Happier at Home*），並且深受啟發。我也讀過那本書，但我突然想起某一個段落，尷尬得四肢僵硬，希望我的婦產科醫師正在看的不是這一段：「為了體驗真正的快樂，請全神灌注於四周的氣味上。」

半年前的我，打死也不會相信自己會跟婦產科醫師討論如何通往永遠幸福之路，但是，在加州旅居一段時間之後，這種事情簡直就像例行公事。打從來到這裡，我就覺得跟別人談起自己和其他人的幸福，頻率遠遠高於我這輩子其他時候的加總。

我先生奈爾從事科技業，矽谷有家新創軟體公司延攬他過來工作，我們因此從英國搬來美國。他是個美國痴，毫不猶豫地抓住機會，我則辭掉忙瘋了的電視紀錄片拍攝工作，全職照顧兒子小索。雖然我因為是那個「為了親人的夢想而放棄一切」的人，占了不少道德優勢，但其實我也早就準備好要拋下前半生和憂鬱倫敦的共生關係，投向陽光燦爛美麗加州的懷抱。

可是，才過了幾個月，我就感到流離失所又寂寞。原本我巴不得有更多時間陪伴小索，然而現在眼前那種沒有盡頭的相隨相依，真是太讓我抓狂了。小索依然讓我的靈魂充滿喜悅，可是他只懂得十個字，而且其中五個還是建築物和車輛的名字。我急著想跟人來點成人的對話，只要遇到人就想辦法悄悄貼過去——遊戲區推著鞦韆的媽媽、乾洗店店員、在超市結帳時排在我前面的男人，以及倫敦朋友替我隨機蒐集的當地人脈。奇怪的是，不管跟誰說話，同一個主題再三出現：快樂。

這種關於快樂的對話，通常分成兩大類：煩惱派和福音派。強迫性過度思考者如我，對煩惱派比較熟悉。煩惱派的對話全都是疑問：我的對象就是那個對的人嗎？我是否正在追求自己熱愛的事物？我正在做的事是不是自己**熱愛**的？我人生的目的是什麼？我是否擁有我該有的快樂？

身為被偽犬儒主義餵養長大的英國人，福音派風格的對話是全新的領域：大家宣稱自己找到了得到快樂的答案，他們熱烈地暢談自己選擇的幸福之道，深信自己至少暫時找到了可以捕捉永遠快樂的正確**事物**。

他們的答案從平凡乏味到令人驚奇，應有盡有：瑜珈和冥想；寫「感恩日記」；參加如何「釋放內在力量」的週末研討會；在二十四小時內，最少有二十二個小時讓寶寶貼在身上。最令人困惑且毫不實際的是，喝狼的初乳！還有，我跟一位朋友的朋友碰面喝咖啡，她原本在跟我說先生幾點下班，但話鋒一轉，又說其實無所謂，因為她生命中最重要的人其實不是先生而是耶穌，原本無聊的對話突然有趣了！

在美國，快樂似乎成了優等生的最大獎、一張現代人的王牌，超越社會成就、家庭、友誼，甚至超越愛情。談到快樂，就能巧妙地蓋過世俗的成就（「呃，我想她是有份完美的工作和優秀的先生沒錯，可是她真的快樂嗎？」），也使我們自己的成就黯然失色。

這一切都與我在英國成長期間學到的觀念相距甚遠。美國前總統傑佛遜在《美國獨立宣言》裡寫下關於「追求幸福的權利」時，很清楚自己是在直接打臉大西洋對岸那些總是避談快樂的壓迫者。對情緒彆扭、隨時準備祭出懷疑主義的英國人來說，看重「快樂」令他們相當不自在，他們通常不買永遠幸福快樂的帳。英國人並非不想要快樂，只是覺得討論這種事情很難為情，追求它更是有損人格，就像初次約會才剛開始，就追問對方喜不喜歡你。

英國當然也有自我成長書籍、瑜珈課程和冥想方法——為了獲得幸福的應許而掏錢，願意收下這些錢的人所在多有，但就是沒有同等的市場，英國人內建的文化懷疑傾向，似乎形成了追求快樂的先天障礙。

而美國文化似乎對負面主義有很深的厭惡，這或許是美國快樂文化盛行的部分原因。這種轉變雖然頗為合理，但時時保持正向的壓力，往往導致更為複雜的心理思考歷程。我兒子幼稚園的成績單，不是把他的表現分成「強項和弱項」，而是「強項」和「即將出現的強項」。在美國，「問題」一律被改為「機會」，像是當地超市的骯髒廁所會貼出告示說：「如果這間廁所沒達到您的期望，請告訴我們，讓我們有機會成長。」彷彿發臭的屎尿是啟發個人成長的所在。

犬儒主義是英國人的拿手好戲，也是我們本能反應的起點。幾年前我在倫敦

BBC任職，我們經理有一次請來一位激勵成長師，想激勵我部門裡灰心喪志的員工。成長師指出，問題在於我們的態度太負面了，如果我們別再老是說「不」，不只會更快樂，工作動力也會更高。他建議下次有人提出想法的時候，別用「不，可是——」（請填入對他人創意的惡劣反對），而應該強迫自己用「對，而且——」來回應（請填入以別人的想法為基礎，且具建設性的正向評語）。他要我們開始練習看看，他自己先示範提出想法，由下一個人接話。「對，而且……這根本是鬼扯！」下一個人說。這就是英式態度。

有時能夠遠離令人窒息的負面思考，感覺很不錯，可是我也還是很難全力投入追求幸福最大化的美式做法。在美國，快樂擁有專屬語彙：「正念」（mindfulness）❶與「培力」（empowerment）❷。不管何時聽到跟自我覺察有關的「培力」這個詞，我總是感到不安，彷彿隨時都有人要求我脫掉衣服，逼我原形畢露。如果有人暗示某個活動的目標是「培力」，我知道這整個過程肯定會醜態百出、充滿羞辱，或是跟社會地位有關。通常，「培力」是給弱勢者的安慰獎，我們可以想像，真正的權威者永遠都不會需要加入這種自我覺察、訓練自我控制的活動。像是剖腹生產後，拍下自己努力蹣跚走路、赤裸肚皮上的疤痕，然後貼在臉書上？多麼「培力」！但如果你在攝護腺手術後，拍下直腸超音波的照片，貼在臉書上呢？先生，抱歉，這一點也不「培力」唷！

正念也無處不在，這個極度熱門的時代思潮理論說明，為了要得到快樂，我們一定要完全活在當下，將心念集中在眼前、此刻的經驗上。《時代雜誌》刊登了一份長達八頁的封面故事，題為「正念革命」，文章開頭是令人佩服、備受肯定的記者作家，將其強大的心智能力全部灌注在一顆葡萄乾上，為了讓那顆葡萄乾「閃閃發光」。我忍不住想到，讓食物閃閃發光是不是有點太超過？

我來美國的頭幾個月就聽說了正念教養、正念商務、正念飲食，甚至是正念洗碗的方法。《哈芬登郵報》網站上還有一整套關於正念洗碗的詳盡指示，讀者可以自行列印並貼在水槽上方。這項練習的思想導師說，為了達到快樂的最大值，正念洗碗者必須拒絕臣服於無意識地操持家務，而要有意識地全心投入每塊凝結中的炒蛋和黏TT的義大利麵圈。

我發現自己很難擁抱正念理論。當然，人腦最了不起的特點之一，就是能夠讓過去、現在、未來以及想像中的另類時空並行存在，以便抵銷在美國加州皮諾爾小城單調乏味的洗碗時光，而有機會將心思寄託在遙遠的曼谷，或在電視劇《廣告狂人》（*Mad Men*）男主角唐・德雷柏（Don Draper）的四角褲裡，或是想像自己終於告訴婆婆，在車裡裝個安全座椅並不會寵壞孩子，儘管她堅持「一九七〇年代出生的人小時候就算沒坐兒童汽車座椅都平安無事」。我掙扎著想弄懂，如何藉由死命盯著燕麥片，神奇地控制個人眼界和其他諸多可能性，以便獲取更多的快樂。

雖然我可能只是戒心比較重，但身為一個超級容易分心的人，對我來說，整套正念哲學幾乎是人身攻擊了。想像某個好心人挺身介入，阻止我在陪伴兒子的早上分心去玩BuzzFeed網站上「你是早午餐的香腸還是吐司？」這類心理測驗，而叫我要專注念駱馬童書上的句子給兒子聽，像是「駱馬駱馬我恨自己」十九次。（面對照顧孩子的辛苦現實，我媽媽那一代人肯定有同樣強烈的逃避衝動，只是她們是靠抗焦慮藥物而不是蘋果手機度過。老一輩的想法是：「祖先們能全神灌注於孩子身上，只有現代的家長會分心。」）

我開始納悶，我看到加州中產階級對於快樂的強烈追求，是否也能代表更普遍的美國文化？加州向來是追尋幸福快樂的重鎮，我遇到的人雖然一般來說並非富豪，也不屬於超級菁英，但大多是受過大學教育的專業人士，所屬階層和我及我在英國的社交網絡類似。對生活優渥的高收入加州人來說，獵逐快樂難道就是他們極致的奢華嗎？

若稍微深入研究，就會發現獵逐快樂不只是中產階級的事。雖然貧困的人不大可能去亞馬遜網站上搜尋與正念有關的書，不過，集中力量追求快樂，並以此作為人生的獨立目標，這觀念確實已逐漸滲透到美國社會的各個階層和領域裡。一般認為，尋求快樂的女王歐普拉（Oprah Winfrey）是美國最具影響力的人之一，她將專屬的自我成長和靈性品牌，帶到幾億美國人面前。但是歐普拉的電視觀眾中大約有一半，家庭年收入不到美國中等收入的美金五萬元，也有一半比例的觀眾，教育程度不超過高中。[1]

正念已逐漸滲入全美的教育體系。在俄亥俄州，眾議員提姆・萊恩（Tim Ryan）在其著作《正念之邦》（*A Mindful Nation*）中表示：「深刻體驗當下，就可以找到快樂。」該州近來獲得大筆的聯邦撥款，要將正念課程引入當地小學[2]（但有個學校的家長抱怨「學校竟把教育的寶貴時間，拿來叫孩子躺在黑暗的房間裡」，於是中止了這個課程[3]）。美國人每年砸下約十億美金在自我成長書籍與有聲書上。[4]同時，網路上到處可以找到全國各地的激勵快樂研討會，目標族群則是待業人士，試圖將窮困重塑為「個人發展的大好機會」。

這種對快樂的大追尋，很合乎美國式力爭上游的作風，更完美地將拓荒精神和蓬勃朝氣結合，激發人們靈魂裡「一路向西」的冒險精神，這就是美國夢和支撐美國夢的績效主義。彷彿長時間投入瑜珈課程、正念研討會、跳傘和閱讀自我成長書籍，參加超級教會和治療療程，並投注足夠的情感，就能擁有永恆的快樂。這個承諾或許頗能激勵人心，可是為了追求這種原本就應該令人愉悅的事，卻需要下一番苦功。

這些對快樂的追求，似乎往往並未讓人特別快樂。我在美國的一位新朋友勸我去試試瑜珈課，但你幾乎可以在教室裡聞到緊繃和悲慘的氣味。雖然有點難判斷何為因、何為果，因為能自己找到快樂的人，不大可能去浪擲美好時光，在YMCA臭烘烘的房間裡，將身子扭成不舒服的姿勢。快樂的人，更可能到外頭去找樂子，比方說到公園裡閒坐、小酌一番。

搬來美國前，我其實沒認真想過自己是否快樂。就像大多數人，在尋常的日子裡，我會體驗到各種情緒和感受，包括（但不限於）：歡樂、喜悅、煩躁、矛盾、興奮、尷尬、令人癱瘓的自我懷疑、無聊、焦慮、罪惡感、令心跳暫止的愛意、憎恨、驕傲、精疲力竭、亢奮、家裡某處還沒吃的巧克力不停地嗡嗡叫。很難在這些彼此碰撞的情緒噪音上貼一張明確的標籤，可是我相信如果你把它們加總起來，除以情緒的數量（或者我目前在平面媒體注意到的快樂相關研究裡，用來計算統計數字的公式），你就會得到一個穩穩落在標示著「滿足」的那個界限裡的座標。

可是我愈跟人討論快樂，愈是接收到「外頭有種閃閃發亮的、永恆的幸福快樂可供獲取」的想法，我開始更頻繁地思索這整件事，強迫式地監控自己的感受，且過度呵護自己的情緒。**我快樂嗎？此時此刻？現在呢？那麼現在呢？我夠快樂嗎？就跟其他人一樣快樂嗎？梅根呢？她比我快樂嗎？她看起來更快樂。她做了什麼我沒做的事嗎？也許我應該去上個瑜珈課。**我變得神經兮兮，痛苦又滑稽。一和「快樂」較量，平凡的滿足感就會讓位給低度的不足感。這個目標如此難以捉摸與定義，不可能明確指出何時達到，這一來肯定會引發焦慮。

身為這個國家的局外人，我有時感覺人民彷彿都要接受全國的標準化快樂測驗，而每個人為了得到好成績，前一晚徹夜惡補苦讀。就像在聽到笑話之後，不是放聲大笑，而是板著臉孔說「太好笑了」（這是在美國令人略微不安的常見對話）。似乎這一路以來，喜悅的感覺已經從美國式的快樂中被抽走了。

奇怪的是，在適應讓情感更開放的過程中，我那些尋求快樂的美國新朋友似乎沒有更快樂，反倒比我那些憤世嫉俗、缺乏喜樂的英國朋友更焦慮。我的直覺是，快樂應該在偶然間發生，是過好生活的副產品，但在真空狀態下追逐它的效果不大。我想探究得更深一些，查明這個直覺到底禁不禁得起檢視。

我初步鑽研之後，找到加州大學柏克萊分校心理學家的幾個令人意外的研究。在第一個研究裡，參與者會拿到一份問卷，評估自己有多重視快樂這個明確的目標，以及他們對自己生活的滿意度。

令人意外的是，回答問卷的人之中，愈把快樂當作明確的個人目標，普遍在生活裡更不快樂，更可能經歷不滿，甚至憂鬱。5

這項研究無法證明因果關係。不快樂的人可能更重視快樂，這也說得通，於是研究者設計了另一項實驗。

這一次，他們發了一篇文章給第一群參與者閱讀，內容關於快樂的重要性，然後放了一段充滿快樂氣氛的影片給他們看。第二群參與者也看了同樣的影片，但事先並未閱讀那篇文章。先讀了文章才看影片的人，在看那部快樂影片時所感受到的快樂程度，低於未先閱讀那篇文章的參與者。這些研究的結論很弔詭，人們愈把快樂當成獨立的人生目標，並且還受到「你應該快樂」的鼓吹，就愈不快樂。

就像面對一位迷人的男士，妳愈是主動追求，他就愈不來電，甚至還會在派對上刻意躲避妳。

整體來說，比起地球上任何國家，美國人在明確地追尋幸福快樂上投注了更多時間、金錢和情感能量，這一切的努力和投資有沒有效果呢？美國人是不是愈來愈快樂了？美國人比其他國家的人感到更滿足嗎？美國偉大的快樂追尋真的有用嗎？

答案很明顯是「不」。不知為何，各種國際比較研究顯示，這個將快樂如此鮮明地納入建國原則的偉大國家，是較不快樂的先進國家之一。雖然這些研究本身不是完全精確，因為不同的研究方法會得到不同的結果，但是蓋洛普公司在二〇一四年針對各國國民時時刻刻的快樂程度進行了「正向經驗指數」國際評比，美國意外地落在全世界的第二十五名，比盧安達還低兩個名次。6

美國人用力獵逐快樂，實際上卻沒有更快樂。根據一項從七〇年代早期開始追蹤美國生活趨勢的大規模計畫調查，從一九七二年開始記錄以來，美國的快樂程度幾乎沒有變化。每一年都維持了非凡的一致性，有百分之三十左右的美國人表示他們「非常快樂」。這樣的比例不算少，只是數字穩定得令人詫異，更不受正念、超級教會、瑜珈課、冥想、葛瑞琴．魯賓或依附教養所影響。

根據世界健康組織的報告，美國名列世界上較不快樂的已開發國家之一，也是最為焦慮的國家，幾乎有三分之一的美國人可能在人生中受焦慮障礙所苦。7 一份美國心理學協會在二〇一二年提出的報告，對美國「快要因為壓力而引發公共健康危機」提出警告。8

比起其他已開發國家，在美國生活可能會引發焦慮，有幾個原因：很多員工工時很長，卻沒有帶薪假期；勞工的合法保障少，僱用條件不穩固、權利不平等、缺乏普及的健康保險等等，而這只是其中幾個原因。尋求快樂原本應該是答案，卻變成問題的一部分，全國性的快樂大競逐本身正是引發焦慮的原因，美國人更有可能為了追逐快樂而提前焦慮。

這點燃了我身為記者的好奇心。我滿肚子疑問：是什麼因素導致這種弔詭的情況？美國人追逐快樂的**方法**有問題嗎？或者獵逐快樂本身就會造成反效果，並帶來破壞？我是不是追求喜樂的卑劣敵人？或者說，有點英式風格的懷疑主義並不壞？能真正為人們在生活中帶來快樂的是什麼？而最重要的是，有沒有效果更好、較不自我中心、壓力較小的方式，可以找到快樂？如果有，又是什麼？

為了得到這些答案，我決定調查美國偉大快樂競逐的形式。我的職業生涯中有大半時間都在當記者，橫跨電視與平面媒體，所以我具有從事調查的背景。而我的好奇心也很個人，我會更仔細檢視自己和我所認識的人的生活。我會嘗試一些別人保證會帶來幸福的做法，查出這些讓全美陷入執迷的底細。真正讓我們快樂的是什麼？不會讓我們快樂的是什麼？如果順利，我們會在美國住個好幾年，在這段期間，我會擔負起這項任務，釐清到底發生了什麼事。

我們有可能獵逐一個快樂的人生嗎？還是說美國的偉大快樂競賽，反倒創造出滿滿的精神崩潰者？

註

❶ 正念（mindfulness）是七〇年代由美國麻薩諸塞大學的榮譽教授喬・卡巴金（Jon Kabat-Zinn）所提出的心理治療方法。正念是一種專注於當下、全然開放的自我覺察，不帶有自我批判的心態，改以好奇心和接納來迎接浮現於內心和腦海裡的每個念頭。

❷ 培力（empowerment）也譯為賦能、賦權，是美國社會心理學家朱利安・拉帕波特（Julian Rappaport）等人的理論，是個人、組織與社區藉由學習、參與、合作等過程或機制，獲得掌控自己本身相關事務的力量，擁有自我覺察的控制感，以提升個人生活、組織功能與社區生活品質。

第二章

快樂只能內求嗎

政府應該像反酒駕那樣，推動資訊改革：請勿邊喝酒邊滑手機。晚上十點了，我的酒瓶快見底了，我拚命更新自己的臉書狀態。有段時間，大家會在臉書上用不自然又自以為是的第三人稱模式發文，像是「布莉特妮・瓊斯愛她的孩子」、「布萊恩・史密斯正在吃他的三明治」，彷彿我們正在草擬自己的維基百科條目，或現場直播自己的訃聞。貼文魔人會用第三人稱繼續拚命寫——「而且她也愛她性感的男人……」、「可是他拿掉了三明治裡的火腿……」

不過，第三人稱很適合我接下來要寫的東西，我假裝我指的根本不是自己，更不用直接公開自己的魯蛇狀態，我只是要提高大家的善心，為我做點好事。「露絲・惠普曼……」我在臉書上貼文，「她人緣很差、沒有朋友，有沒有人能幫她找幾個朋友？」

我們在美國的頭幾個月很難熬，儘管有心理準備，但我對加州生活的想像就是綜合了好萊塢電影、電視影集《海灘遊俠》（*Baywatch*）和天堂大略描繪的，過度專注於海灘和天氣。我沒認真地考慮到，脫離了在家鄉支撐著我的生活元素——我的工作、我的家人和朋友——那會是什麼樣子。

儘管口中老是談著美國式的快樂，真相是我自己也不怎麼開心，而且還會對沒來由的缺乏快樂感到愧疚。第一世界煩惱的好處，顯然因為它們是屬於第一世界的煩惱，而不是伊波拉病毒和饑荒。壞處是，你會一輩子聽到這種反諷：「第一世界的煩惱！」在心裡反覆播放，無止無盡，使你的每一種情緒調節都失效。儘管身在自我成長的世界總部，我的日常狀態是某種呆滯的孤寂，缺乏歸屬感啃食著我。

我讀了許多討論快樂的文章和提出忠告的部落格，但一點幫助也沒有，我一定是錯過了美國星條旗式的超級快樂——就像錯過麥當勞菜單上四種肉組成的特殊產品，只在德州暢貨中心才有賣的那種。壓倒性的大量訊息要我把自己從低潮裡拖出來，用雙手緊緊抓住快樂的機會。而這一切其實並沒有幫助，只讓我覺得自己有點魯蛇。

我很難不被捲進這種快樂的氛圍裡。我發現自己早上在看《哈芬頓郵報》時，還沒讀新聞，就會先掃視「給靈魂的ＧＰＳ導航」頁面。我的Google搜尋句子從以前的「我快死了嗎？」、「是癌症嗎？」、「我的孩子是否達到成長曲線（而我透過病態搜尋才知道有這些曲線）」，慢慢移向「怎樣才能快樂？」。Google（可能還有國家安全局）很快就把我標記成追尋快樂的人；只要我登入，就會有嚇人的個人化廣告彈出來，催促我訂閱「啟發人心的文章，日日直送信箱」。

「啟發人心的內容」所提供的永遠快樂願景，往往介於靜修和芭比娃娃夢想屋之間。其中一則郵件的主旨承諾著：「保證讓你得到你想要的一切！」多半是那種智慧一百招，告訴我如何得到想要的一切，藉著神奇的巧合讓我領悟，我想要的正是**我早就擁有的！**或是把願望從原本的「頭獎，和明星雷恩・葛斯林（Ryan Gosling）共度春宵」，改成「真正認識耶穌的愛」。郵件內容卻是一個直截了當、毋須道德轉折的指南，告訴我怎麼得到我想要的一切，不管是小馬、城堡、達賴喇嘛的簽名照，或是前往永恆喜樂的單程票。

不過，我暗地裡偏好高級一點的快樂幻想，勝過在信箱裡收到那種令人憂鬱的忠告電子郵件，而且我懷疑Google的行銷演算是不是判定我無藥可救了，我收到的信是：

1. 快樂就是：降低你的期望。
2. 你該養隻貓了。

無論是什麼忠告，都無法削減我覺得我不屬於這裡的基本感受。我在小學的時候，雖然永遠不是班上最不受歡迎的那一個，但戴著國民保健署提供的眼鏡、星期六早上都在小交響樂團練習的我，還是很不討喜，要不是身邊通常還有另外兩個怪小孩作伴，我就會陷入完全的社交孤立。在美國的孤寂感，勾起了我的童年回憶。

所以當我的臉書貼文「幫露絲・惠普曼找幾個朋友」有回音時，我高興死了。在我貼文之後的兩、三天，倫敦的朋友寄電子郵件給我，說她以前的大學室友正巧住我家附近，家裡也有個小小孩。她透過電子郵件介紹我們認識，替我們安排一場「小約會」。我和艾莉森相約某個早上帶孩子到附近的公園碰面。

我立刻喜歡上艾莉森。她充滿活力，聰明又幽默，用那種美國人的溫暖方式，先投入再評斷，而不是英國人的作風——在使出各種憤世嫉俗的小聰明，只剩下猶豫不決又難為情的諷刺後，才準備好要投入。她立刻拋開客套寒暄，直接和我天馬行空地聊起來，從小孩上廁所的訓練到人生的意義。

艾莉森為了照顧兒子萊恩，放棄了工作，對於看顧學步兒那種日常現實覺得失望，於是踏上了尋找快樂的征途。她也不是不快樂，可是當了一輩子資優生，覺得自己可以表現得更好。

她上瑜珈課和冥想，每星期去看一次治療師（她告訴我，有一次她兩個星期都沒辦法跟姊姊說話，因為她們各自的治療師都度假去了，而兩人的關係一定要靠中間人緩頰）。她練習正念，閱讀葛瑞琴・魯賓的書，全心信奉一位叫做艾克哈特・托勒（Eckhart Tolle）的德國自我成長導師。我因為從沒聽過托勒而感到難為情，趁艾莉森上廁所的時候，悄悄Google他。螢幕跳出一身米黃色打扮、小精靈似的神祕學家，他提出令人一頭霧水的洞見，像是：「人生的祕密就是『在死前一死』，然後發現沒有死亡。」讀起來感覺就像被困在電梯裡時，身邊出現一個學會自我成長的微軟office小幫手，對你說：「你好像在寫一封信，要我幫忙嗎？」以托勒為例，那就是：「看來你在超越自我意識時遇到了困難，要我給你一點冗長的偽佛教教義開釋嗎？」

雖然我們在諸多話題上意見兩極，不過我真心喜歡艾莉森。她這人很有趣，我欣賞她的聰慧和願意容忍我的憤世嫉俗。我喜歡和她聊天，她說她也有同感。我們說好要更常見面。

後來我才知道，艾莉森很難約。她幾乎永遠在忙。我們彼此傳了幾回簡訊，試著再約見面，可是一直沒約成。她難得有空的時候，都在上瑜珈或冥想，去靜修或是參加工作坊，或是忙著在部落格上描述自己的體驗。單是聽這些事情，就足以讓我精疲力竭。如同她懊悔地告訴我：「我現在幾乎沒空見任何人。」艾莉森顯然忙著要快樂，友誼變成了清單上最無關緊要的項目。

這也極可能只是她躲我的複雜招數，老實說，我那時陷入過度依賴人的糟糕狀態，怎麼能怪她呢？不過艾莉森尋找快樂的方法感覺有點倒因為果了，畢竟，跟朋友共度時光，不正是讓人生快樂的事情之一嗎？

而我讀了愈多主流的自我成長忠告，就愈是注意到它們多常鼓吹，把尋找快樂當作個人旅程，快樂最好是單獨追求。

「快樂來自內心」，上千部落格和文章、正向心理學書籍和臉書爆紅的貼文都這麼宣稱。變化版則包括：「快樂來自你的內在，而不是他人」、「快樂不是由四周發生的事情來決定，而是你內在發生的事情」、「快樂不應該仰賴他人」；以及對社群媒體保持友善的距離，像是：「快樂是內在的工作」。我收到一封電子郵件，裡面有一則當地一家新開的瑜珈工作坊的廣告，甚至用強大的複合字「往內部走」來強調這個想法。（雖然我頭一次看到「往內部走」的標題時，一時以為是以內臟為食材、零浪費的新餐廳食評。）

我明白快樂不外求的意思，可是過一陣子之後，這整套哲學開始像某種奇特的情緒孤立主義。

「當你偏離『快樂來自你內在』的想法時，你會開始轉向尋找逗你開心的人和事。」有個知名的心理學家在歐普拉的網站（Oprah.com，網站大部分都與追求快樂的想法相關，並認為一定要往靈魂深處挖掘，只有自己才找得到快樂）上寫道。他的語氣輕蔑，彷彿那些逗你開心的事是「兒童色情片」或「揞客」似的。「追尋喜樂應該是種內在活動」，他堅定地下了結論，卻沒有真正解釋原因何在。

快樂永遠無法透過其他人或外在世界尋得，這個信念已經點點滴滴變得如此基本、毫無爭議性，甚至變成「懶人包」網站上的文章，這個系列的文章將複雜的主題簡化成普遍能接受的關鍵內容，創造了流量。有篇〈快樂的四種迷思〉篤定地說：「就像金錢無法讓你快樂，其他人也沒辦法讓你快樂。」

我在美國孤立無援，但其他人無法讓我快樂，我應該往內獨自追求快樂，這番啟示感覺有點古怪。我嘗試在Google上搜尋「激勵人心，『他人帶來的快樂』」，跑出來的是這個：

「他人即地獄。」

「如果快樂要仰賴別人，你就倒楣了。」

「幹！去你媽的快樂。」

更令人費解的是，有張圖裡，希特勒和一個無名納粹正對著只有他倆懂得的笑話狂笑，圖說是：「人生的重點是做讓你自己快樂的事，而不是取悅別人的事。」

我不確定該從這句話和圖片得到什麼啟示。種族屠殺嗎？

不管有無意識，大家顯然都逐漸接受「快樂不應該透過他人尋得」。美國人追尋快樂時，愈來愈傾向往內在、自己的靈魂裡尋求，而不是往外朝朋友和社區尋覓。在美國，將近一半人口三餐都是獨自用餐。[1]美國人擁有的密友，比二十年前還要少。[2]根據社會概況調查，一九七四年，有將近一半的人在一個月內只跟鄰居有互動，到了二〇〇八年，則剩下不到三分之一，數字逐年下降。[3]

另一項事實也讓我偷偷有種古怪的安心感，足以安撫我在學校操場上會湧現的偏執想法，我常覺得學校操場上的其他人永遠都在參加一場我不曾受邀的美妙派對。事實是：「美國時間運用調查」顯示，美國人每天花不到四分鐘時間「主持或參加社交活動」，這個類別涵蓋各式各樣有組織的社交場合，與臨時起意的非正式活動有別。[4]**四分鐘？**一年加總起來，勉強只能涵蓋聖誕節、感恩節和自己孩子的生日派對。

更令人訝異的是，同一份調查顯示，美國人一天只花三十六分鐘從事以「社交和溝通」為主的主要活動，比方工作。相較之下，他們花三個鐘頭看電視，而女性「打扮自己」甚至要一個鐘頭。

這個數字如此之低，我打電話給美國時間運用調查熱線，只是要查查這三十六分鐘包含了什麼（呼，還好沒人調查我怎麼運用時間）。結果發現，除了三十六分鐘的數字正確，更驚人的是，所謂優質的社交和溝通，是指任何形式的溝通都算數，只要超過一個成人在場，無論是爭執、叨念、發牢騷，或者罵老公：「天哪！出生時有個Y染色體並不表示你在生理上沒能力到冰箱找東西吃。」

當社交頻率暴跌的同時，獨自「追尋快樂」則有爆炸性的成長，這種活動通常一人單獨進行，或是跟毫無互動的團體一起進行，明確的目標是：人人持續鎖在自己私密的情緒體驗裡。

過去幾年，進行冥想的人口有了戲劇性的突破，全美大約有兩千萬人固定冥想。[5]《時代》雜誌報導，美國人每年在「正念產品」上花費四十億美金左右。[6]瑜珈也有類似巨幅上漲的趨勢，全美現在每年花上百億美金在瑜珈課程和配件上，[7]瑜珈成為美國第四大快速成長的產業。[8]這些數字意義重大，精明的商人甚至標明一個新類別，稱作「靈性花費」。

自我成長產業也在成長，中心思想無非是，尋找快樂應該是個人的、以自我為中心的任務，美國人現在每年耗費將近十億美金購買自我成長書籍和有聲書，[9]作為自己內在旅程的指南。❸

這一切就像一九七〇年代暢銷的科幻小說裡——所有的人類情緒跟靈魂，都被個人迷你電腦吸走了，在智慧型手機的應用程式商店裡，有將近上千種不同選項，可以幫助我們在手機深處找到快樂。

我可能不是這些應用程式的目標客群，他們的銷售對象可能是作家安·蘭德（Ayn Rand）小說裡某些壓力超大的科技億萬富翁，正從他的遊艇上連連發出充滿辱罵的電子郵件；或是雜誌裡想像出來的惡劣全職媽媽，想把號哭的嬰孩從腿上拉開來，好趕往殘酷的企業競技場去（雖然我的寶寶確實巴在我腿上號哭，我也自私地想要「魚與熊掌兼得」——兼顧小孩和上小號）。

在我特別孤單的時候，尤其是當我先生出門上班，而我必須面對十個小時的空白，才能等到下一場成人對話時，我會在應用程式商店裡買一點快樂療程，來填補我的虛空。

沒想到，有些選項複雜到令人困惑！比如用手機內建的感應器來衡量我的幸福程度，如果指數不足，就把內容農場上爆紅的文章秀給我看，來矯正我，例如：「英勇的山羊試著拯救朋友！」、「這一片披垂的紫藤會讓你看得目瞪口呆！」加上日落、海灘、可愛幼犬、我家人的照片拼貼等等。（直到後來我才發現，實際花時間陪伴家人，比盯著手機讓我更快樂。）

最後，我選擇了科技層級較低的方案，是個叫做「Positive，積極」的正向思考應用程式。我顯然非常需要它。我內在深植的負面習性讓我一看到「Positive」（陽性），馬上聯想到「HIV（人類免疫不全病毒）陽性反應」，而不是「正面」的意思。

「積極」每隔幾小時就用簡訊傳給我一段鼓舞人心的文字，我必須反覆誦念，直到開始相信為止。問題是，不管我手機何時嗡嗡響起，我心頭都會竄過一陣巴夫洛夫條件反射式❹的興奮感，以為是來自真人的訊息。當我意識到只是「積極」催促我誦念「我是滿足的」直到幸福降臨為止，而我所感受到的強烈失望，則稍微破壞了效果。我咬牙切齒地說「我是滿足的」，後面還諷刺地加上：「而且還滿幸運的，因為過去十九天以來，除了我先生，我沒跟別的成人講過話欸！」

獨自追求快樂的這股潮流，最鮮明的例子是近來很受歡迎的冥想，以及它的死黨——正念。

近來出現了一波以此為主題的書籍，「當代哲人」山姆·哈里斯（Sam Harris）在《紐約時報》的暢銷書《甦醒》（*Waking Up: A Guide to Spirituality Without*

Religion）就是其中一本，他在書中寫道：

> 有沒有一種快樂，不需仰賴身邊有自己最愛的食物，朋友和親人近在咫尺，有好書可讀，甚至是週末有什麼值得期待的？……我可以證實，當人進入靜默與冥想，一次為期十幾週或幾個月，其他事情都不做，不說話、不閱讀也不寫作——只是時時刻刻觀察意識的內容——就會經歷到不曾實踐這類方法的人一般所得不到的體驗。我相信這樣的心理狀態跟人類的幸福息息相關。

幾年前，在西藏或在非青春期冥想的人，總給人某種淡淡的廣藿香精油和失衡的感覺，很難相信哈里斯是針對主流觀眾講這番話。

如今，找個私密空間單獨探索內在意識，已經穩居主流寶座。現在鼓吹冥想的包括眾所皆知的先鋒分子，像是美國海軍陸戰隊、麥肯錫管理顧問公司、德意志銀行。Google提供員工一項廣受歡迎的七週正念與冥想課程，叫做「尋找自己的內在」（課程主題是「成功、快樂與世界和平」，不帶一點諷刺意味）。

美國廣播公司新聞主播丹・哈里斯（Dan Harris）在《紐約時報》的暢銷冥想回憶錄《快樂，多10%就足夠》（*10% Happier*）裡，按時間描述自己對冥想從懷疑到全心投入的過程。他會到靜修中心參加長時間的沉默冥想，那裡甚至不鼓勵參與者之間有眼神接觸。他認為冥想練習讓他自己的整體快樂提升了百分之十。（雖然哈里斯在回憶錄的謝詞裡，向太太碧洋卡致謝說『是我太太讓我的快樂程度提升了百分之一百』，讓人不禁想問，他如果改成跟太太出門度假，快樂程度是不是老早就能提升十倍以上了？）

同時，有些人對冥想的類宗教色彩有點卻步，但依然認為我們最好在自己的腦袋裡追求快樂；世俗版的「正念」也因此愈來愈熱門。

「活在當下」正受到歡迎。

為了要快樂，我們應該時時監督自己的思緒，遠離過去、未來或想像，而將全副心思聚焦在當下，這個想法在企業會議室和公立學校、心理治療、大學、SPA度假中心，受到了普遍支持。我們來到美國的頭幾個月，我就看到有人提起正念飲食、正念商務、正念性愛、正念教養、正念通勤，甚至在臉書上看到「正念屠宰」工作坊的邀請。

我知道，我必須試試看。

星期二下午，我在像是郊區教堂外的地方，看到門上掛了個標示，叫我「請帶著正念走進來」。我試著揣摩這句話的涵義並照著做。裡頭靜悄悄的，有著緊張、敬畏的氣氛，讓我發出的每個微小聲音都變得響亮刺耳，以至於我不敢詢問廁所在哪裡。我試著把小號的需求，重塑成一個充實靈性的身心覺察。

我參加的是正念冥想課的入門課程和研討會，地點是當地的佛教中心，我緊張得要命。

大家在描述自己冥想的經驗時，似乎只有兩種說法：

（A）從第一次誦念「嗡」開始，我頓時開悟，馬上愛上冥想。

（B）起初我痛恨冥想，把它批評得一無是處，覺得它害我焦慮悲慘，後來卻有了重大突破，讓我回到答案（A）。

我很清楚自己有多神經質，如果冥想毫無進展，我擔心自己會是（B）。我天生焦躁不定，坐立難安，偶爾兼有幽閉恐懼症，如果我先離席會很**尷尬**，加上這個安靜到詭異的場合，簡直是讓我最緊張的觸媒之一。我對新事物總是抱持疑心，對任何隱約可以形容成狗屁的東西都會吹毛求疵。更令人擔心的是深植我心的懷疑：正念只是換句話說「你該跟孩子互動時，卻在滑手機，真該受到譴責」。

不知怎地，我走對了房間，脫掉鞋子，抱持正念地看著自己的光腳丫，然後跟大家一起圍成大圈、坐在靠墊上，由兩個穿著經典橙色道袍和可愛連身睡衣的僧侶帶頭。（如果這次的經驗我沒有什麼收穫，現在至少知道佛教僧侶的腳長什麼樣子。）第一個僧侶符合刻板印象：西藏人、佛教徒、渾圓超然，偶爾開口用濃重的口音說點金玉良言。另一個僧侶顯然是2.0版的佛教徒，二十多歲的美國人，戴著數位手錶，在對話裡穿插著Google訊息通知和電動遊戲用語。

房間裡擠滿了人。有幾個迷人的文青半瞇著眼睛，虔誠地打量著彼此。一群穿著休閒套裝的灰髮奶奶占盡優勢，坐在後頭的那排椅子上。只有一個人在講話，他叫做崔頓，是個房仲業者，正說著關於他跟前妻的慘痛插曲，時間久到令人不自在。最後那個數位手錶僧侶打斷他，交代大家先進行集體正念冥想，之後再花一個小時談談背後的原理。

他鼓勵我們採蓮花坐姿，感覺就像想抄捷徑直抵頂端，像是到ＹＭＣＡ參加功夫入門課程，卻有人要你出面捍衛少林寺的名聲。我以缺乏靈性的不雅方式，將雙腳猛力扯到大腿上，然後那個僧侶搖響一枚小鈴，這就開始了。

然後……砰。

感覺……有點愉快，稍微無聊。既不嚇人，也不會翻轉人生，更沒有大聲疾呼的效果，一切平凡得出奇。放鬆，但是程度不及足部ＳＰＡ；愉快，但比不上一本好書或跟朋友乾掉一瓶酒。老實說，讓我更快樂的事情，不管是短期或長期，我隨手就能列出一長串。我無意貶低這個長達兩千五百年歷史的宗教或其他什麼的，可是到目前為止，冥想對我來說實在不怎麼樣。

事後的談話讓我更不安。那位僧侶講了正念冥想的理論。他告訴我們，受苦是不可避免的，而我們之所以受苦，是因為我們對事物、想法和對人都有所依附，才會引發焦慮。藉由定期練習冥想，可以擺脫這些不健康的依附，並且甩開依附在我們心裡所引發的思緒和焦慮。當我們不再指望從廣大世界的人、事、物得到快樂，就可以在內心找到快樂。

雖然和嬉皮式的美學有深切關聯，他們堅持往內尋找快樂，一定要獨立於他人跟外界，但冥想聽起來就像是個人情緒主義的深層表達。

而這一點又因為這份體驗是全然匿名而更加複雜。和大多的宗教儀式或聚會不同的是，這個活動沒有一點社交成分，沒有供應茶水和走味的糕點。如果你得了流感或生了寶寶，不會有人端著燉菜給你，也不會有人際連結的感覺。我們靜靜抵達、默默離開，一句話也沒交談（除非大家在冥想過後辦一場大型派對偷偷見面沒通知我）。

我想跟人談話，問問他們的經驗，可是當我替一位女士從架上取下手提包遞給她，並問：「這是妳的嗎？」不像做了件好事，倒像是貿然闖入了她的心靈世界。

單堂冥想課不可能讓我全面認識正念冥想。我承認我不大可能很快回去上課，所以急著想仔細看看研究報告如何評論正念與冥想。

提倡冥想的人提出相當有力的宣示，說冥想經過科學驗證、益處頗多，並強調證據顯示，冥想在協助各類症狀上，像是從低度的不快樂到嚴重的焦慮和憂鬱，效果極佳。

當我開始深入調查，發現近年來有數千項研究以冥想和正念帶來的效果為主題。想也知道我沒辦法自己全部看完，幸運的是，我很快就發現美國保健研究與質量管理署已經替我完成這份工作了。二〇一四年，他們進行了大規模的整合分析，凡是聲譽良好、以冥想和正念類型技巧的益處為題的科學報告，一概都拿來檢視，涵蓋了超過一萬七千份的個別研究。[10]

我一路讀下來，這份整合分析的結果並沒什麼特別之處。看來宣稱冥想有近乎奇蹟式效果的許多主張，其實是過度誇大。

有些研究確實顯示，比起什麼都不做，冥想或正念練習可能會為人帶來小小的益處，然而跟任何普遍的放鬆技巧拿來比較時，包括運動、放鬆肌肉、聽靈性錄音帶，如果是以相同的時間進行對照組實驗，冥想或正念練習的效果並不會更好，在某些案例裡甚至更差。

不管冥想會帶來益處的證據是否言過其實，有件更重要的事情困擾著我。在這個國家，人們的社交生活正面臨危機。研究顯示，足足有四分之一的美國成人覺得，自己沒有一個朋友或家人親近到他們足以訴說私人問題，如果不把家人算進去，則激增到有半數美國人聲稱自己沒有任何可以傾吐心事的對象。[11]同時，四十五歲以上的成人中，有百分之四十說他們很寂寞。[12]英國的狀況同樣慘淡，與歐盟其他國家相比，英國人更難去認識鄰居或與人建立牢固友誼。[13]

可是在這種近乎瘟疫的社交孤立中，我們接收到的訊息卻是，快樂的關鍵在於人人默默坐在房間裡，獨自邁著沉重的腳步，孤單踏上內心的幸福之道。時間運用調查表示，我們顯然壓力過大、忙碌過度，沒辦法去找朋友或是跟自己家人聊聊，可是卻能勉強擠出時間讀自我成長書籍、上瑜珈課程和做正念冥想。

也許缺乏社交生活蒙蔽了我的判斷力，可是我開始思考，如果我們真心想要快樂，少花一些時間追求內在生活的完美，轉而投注更多時間跟其他人相處、互動，不是會過得更好嗎？

科學證實了我的看法。

當我讀愈多關於快樂的研究，愈覺得跟朋友坐在酒吧裡拿冥想來說嘴，比實際上去冥想，或許可以得到更多快樂。

近年來有不少科學研究都以「什麼會讓人快樂」為主題。這些研究有不少反常和矛盾之處，可是幾乎每個關於人類快樂的本質和原因的研究，都有個一以貫之的共通點：**我們的快樂仰賴他人**。

一個又一個研究顯示，良好的社交關係，是快樂生活最為強大也最為一貫的指標。加州大學柏克萊分校至善科學中心的首席學者克麗絲汀・卡特博士（Dr. Christine Carter）在網路上的一篇文章寫道：

> 五十年來研究快樂的結果顯示，一個人社交連結的質與量——友誼、和家人的關係、鄰居的親疏等等——與幸福和個人快樂息息相關，幾乎可以在兩者之間畫上等號。[14]

更重要的是，根據研究，我們如果想要快樂，獨處時間應該減少而不是增加。

有個針對正向心理學運動的重大研究實驗，取名為「非常快樂的人」，找出一群比一般人都快樂得多的人。[15]要檢視這群情緒資優生的生活風格、習慣和價值觀，釐清他們跟我們其他人的做法有何不同，如此一來，研究者就能使用這份資訊來進行快樂工程的「翻轉」。

結果發現，整體而言，這些「非常快樂的人」的生活幾乎跟其他人毫無不同。他們並未經歷到更多好事，也沒有做更多運動，或參加更多宗教活動。研究者唯一可以掌握的實際差別就是，他們擁有「最完滿且豐富的人際關係」，重要的是，他們把大多數時間花在社交上，**獨處的時間最少**。

比起獨處，我們在其他人身邊分分秒秒都更快樂，這個想法也得到其他研究的應證。令人訝異的是，這個方法不只適用於自認外向的人身上，對內向的人來說也同樣有效。[16]（其他研究甚至顯示，要內向者表現得像外向者時，即使他們認為自己會痛恨每分每秒，最後卻覺得更快樂。）[17]

換個角度來看，培養社交關係對我們的快樂很關鍵，忽略它們更會引發驚人的危險。我跟艾瑪・賽帕拉（Emma Seppälä）教授在Skype上通話敘舊，她是史丹佛大學同理心和利他研究教育中心的科學指導，她告訴我，只有強健的社交關係是「快樂的必要條件」，意思就是人類沒有強健的社交關係是不會快樂的，而令人心驚的是，缺乏社交連結會有早逝的風險，類似於抽菸的壞處，而且缺乏社交對健康的威脅高過病態肥胖大約兩倍。18

所以，現在我們這麼多人獨自追求快樂，只是不懂得分配忙碌生活裡的時間嗎？如此專注於自我和個人主義，是否也加重了愈來愈孤立的問題，而不是在解決這個問題？

我需要有人幫助我把這些思考片段拼湊起來。令人開心的是，從我家前門走個十分鐘，湊巧就有個研究這個題目的世界級專家。

我搭電梯到加州大學柏克萊分校的心理系三樓，覺得超級侷促不安。電梯在日光燈照耀下，一副無菌的模樣，彷彿要進行人體實驗，我好怕自己會不會無意間成為人類電梯行為研究的受試者，然後揭露我這個人有能力做出難以言說的殘酷行為，或發現我根本是個種族歧視者。

我來拜訪心理學博士艾莉絲．茅斯（Dr. Iris Mauss），她曾經做過一系列突破性的實驗室研究，顯示人們愈重視和主動追求快樂，就會變得愈不快樂。茅斯博士光是名字就讓我備感親切，聽起來就像是彼得兔故事裡從德國來訪的親友。她在郵件裡寫著，雖然她生下第一胎還不到三個月，仍在休產假的她願意特地進辦公室見我，讓我覺得跟她更加親近。

當我到茅斯的辦公室時，發現她正抓著門把又撞又扯。我問能不能找人來幫忙開門，她無奈地搖搖頭。「這裡沒人可以幫忙，」她告訴我，「所有的維修人力都集中管理了，我想校方想要提升效率。」

最後她精密結合了扯、拉、推的動作，終於神奇地打開了門，為了善用她四十五分鐘的托兒時間，我們以高速聊了起來。

茅斯還是心理學研究生的時候就從德國搬來加州。她體驗到的文化震撼跟我類似得可怕。

「很驚人啊，」她說，「你應該要達到快樂的標準，大家甚至覺得你可以控制自己快不快樂。快樂不是美好生活的結果，而是你要設定的成就目標，快樂彷彿是每個個體的責任。這種感覺嚴重到，當我一心情不好，就會有罪惡感，彷彿我達不到理想目標。我被弄得很焦慮。」

這種縈繞不去的焦慮，讓茅斯把「快樂」當成研究主題，她想確認自己的感覺是否是普遍現象。當她開始一系列的實驗，並確認刻意重視和追求快樂確實會讓人更不快樂之後，茅斯的下一個任務就是釐清原因何在。

她有種預感，線索可能就在她指導的一位叫布蕾特．佛德（Brett Ford）的博士生近來完成的有趣研究裡。

佛德的研究焦點是關於全世界不同文化怎麼看待快樂。佛德在幾個歐洲、亞洲國家以及美國進行研究，問人一連串關於快樂的問題——他們怎麼定義快樂、如何主動追尋快樂，他們又有多快樂。

結果發人深省。在美國，大家傾向將追尋快樂定義為個人的追求。在美國的受試者裡，愈是聲稱自己熱烈追求快樂的人，就愈不快樂，這結果複製了茅斯當初的研究。可是在別的國家，尤其在東亞，大家普遍以不同的方式定義快樂，將快樂視為較為社交取向的行為，並且透過跟別人打交道來追求快樂。在這些國家，快樂以較為集體的方式來定義，人們愈是主動追求快樂，就變得**愈快樂**——與美國模式剛好相反。[19]

這些研究結果不禁令茅斯好奇，是不是因為美國人以個人主義的方式去尋找快樂，反倒讓他們覺得寂寞，並遠離其他人。

她和她的團隊設定了一系列的新實驗，要檢視美國人特意追尋快樂，和寂寞或低社交連結之間是否有任何關係。

「我們想要查出這個國家對快樂的追尋，是不是因為如此聚焦在自我身上，反倒將人們彼此孤立。」她解釋道。

茅斯為兩項相關的研究，想出一套創新的設計。在第一個研究裡，她的團隊請一群人填寫問卷，判定他們有多重視把快樂當作目標，然後再請受試者將兩週內的壓力事件寫成日記，尤其要把寂寞的感覺記錄下來。結果一目了然。在第一份問卷裡表示愈重視快樂的受試者，愈常感到寂寞。[20]

起初，因果關係並不是那麼明顯——重視快樂的感覺讓人寂寞？或者因為感覺寂寞，才讓人更重視快樂？為了查明，茅斯和她的團隊啟動第二項實驗。

這一次，有了一組新的受試者，研究者將他們分成兩組。他們一開始就「引導」第一群人更重視快樂。他們先給這些人看一篇假文章的摘文：

快樂程度高於標準值的人，會在社交關係、專業成就和整體健康與幸福上體驗到好處。也就是說，快樂不只是給人良好的感受，也帶來重要的益處：人們時時刻刻可以讓自己覺得更快樂，就愈可能更成功、健康和受歡迎。

「我們盡量讓這篇文章讀起來像是一般人常看到的那種談論快樂的文章。」茅斯頑皮地說。

他們拿另一段摘文給另一組研究受試者閱讀，這段摘文完全相同，只是把「快樂」這個字眼換成「做出正確判斷」。接著再讓這兩組人看一段仔細挑過的影片，而這段影片會勾起對社交連結的強烈感受。

看完這段影片之後，兩組受試者被要求評估自己覺得「寂寞」和「遠離其他人」的程度。研究人員也採集了受試者的唾液樣本，想測試黃體酮的含量——跟親密感有關的荷爾蒙。

回應影片時，事先閱讀那篇假快樂文章，受到引導並表示自己更重視快樂的那組人，做出比另一組人感到更寂寞的評估，他們唾液裡的黃體酮也比較低。

「實驗室研究是現實生活的迷你模擬，」茅斯說，「如果只做一次實驗就這樣，那些不停轟炸的快樂訊息累積起來，對現實生活裡的人會造成什麼影響，不容小覷。」

「回到自我聚焦的概念上，」她解釋道，「大家時時監督自己：我快樂了嗎？我夠快樂嗎？他們心思如此集中在自己和自己的快樂上，結果犧牲了社交連結。你可以花那麼多時間聚焦在自己的感受上，結果卻沒時間聚焦在別人身上。當你跟其他人在一起的時候，發現自己沒那麼享受社交活動，是因為你時時擔心著自己的情緒，沒辦法那麼投入。」

我問茅斯，她研究的重點是不是要我們完全放棄追求快樂？她思索片刻，然後小心翼翼地回答：「如果大家追求快樂時，少放點心思在自己身上，而多放點心思在他人身上，就可能避開過度重視快樂的弔詭因果。」

我想這等於比較客氣地說：「世界不繞著你轉，你懂吧！」

科學研究也許站在茅斯那一邊，可是她勢單力薄。她面對的是高獲利、高影響力的產業，而這產業的存在，仰賴著那些跟茅斯的研究結果完全相反的資訊。這個產業的觸角貫穿了美國文化，並深入集體心靈。這個產業致力於推動自我的大計，而我們不久就會發現，這些訊息即使對最忠誠的懷疑論者來說，也散發著深深的誘惑力。

註

❸ 作者原註：專家們對於「往內尋找」最終會找到什麼或找到誰，意見各有不同。傳統智慧偏好找到內在小孩，雖然自我成長大師安東尼·羅賓斯（Tony Robbins）在他一九九二年具開創性的作品《喚醒心中的巨人》（*Awaken the Giant Within*）裡，極具說服力地闡述，我們內在其實更可能是個巨人。我有種可怕的感覺就是，兩者皆是，我放著我的內在孩子不管，任她在內在巨人身邊跑來跑去，讓巨人一口吞掉了她。他們可能都還在我的內在裡面，就像一套激勵心靈的俄羅斯娃娃。

❹ 巴夫洛夫條件反射（Pavlovian conditioning），即古典制約，是一種關聯性學習，重點在反射行為和非自願行為。俄羅斯著名生理及心理學家巴夫洛夫（Ivan Pavlov）將這種產生制約行為的學習型態描述為「動物對特定制約刺激的反應」。

第三章

幸福待售中❺

「上完課程之後，百分之九十二點五的人翻轉自己的人生。」名叫戴維、態度誠摯的里程碑志工充滿信心地告訴我。戴維很了解翻轉人生的故事，他平均一年會上三次個人發展課程，其中一次，他會付錢給某家公司，在不給他食物的情況下，把他丟進森林裡整整四天，直到他開始產生幻覺。他平凡得不得了的外表，削弱了他口中那種關於人生翻轉的激烈和瘋狂。他穿著熨過的正式襯衫，握手時力道堅定。戴維外表像從「年輕男性商務人士」的圖庫裡挑出來的，連名字都像是菁英小組的一員。他和房間裡的每個人，還有其他一切事務，看起來都像是遵照某種嚴格的宗旨而運作，像是「不要做出奇怪的舉動」等。

我在市中心的企業會議室裡，跟大約一百個追求快樂的人坐在一起，頂著一頭俐落橘髮、名叫克蕾兒的女人，正告訴我們如何才能快樂起來。

目前為止的重點似乎是，我們必須接受人生中發生過的每一件壞事都是我們自己的錯。

「別再指責別人！回頭檢討自己！」克蕾兒大喊。

這天晚上有「里程碑論壇」（the Landmark Forum）的免費入門課程。里程碑論壇是個極成功的自我成長課程，是一套追求「滿足」的暗黑藝術，前後訓練過上百萬個美國人，加上大約一百萬名全球人士。這家公司鼓勵學員向彼此掏心掏肺，承諾這樣做他們就能「重新定義任何可能性」，因此惹出不少爭議。重重謎團圍繞著這個機構，謠言紛飛，今晚到目前為止，一直缺乏韋科式❻的瘋狂，讓我不禁有點失望。我從這堂課程得到的印象並非「末日集體謀殺」，而更像是「人力資源部門出遊日」。白板上畫滿流程圖，課程還有三個小時，克蕾兒很可能會讓我們無聊到自動遁入無盡幸福的世界。

當她彷彿政商名流唐納．倫斯斐（Donald Rumsfeld）❼上身似的，在白板上畫出複雜的圓餅圖，將人類經驗劃分成「已知的已知」、「已知的未知」和這兩項的各種組合，我已經差不多決定不要報名正式課程了。

可是戴維有別的想法。他顯然覺得我非常需要來個大轉變，對他來說，「說不」只是個開場策略。

「妳覺得，是什麼讓妳卻步不前？」他問。

「首先是費用，整套課程要價五百八十五美金。我可以拿那筆錢來僱個保母、跟先生出門散心，或者拿去買鞋。」

「鞋子不會讓妳脫胎換骨。」戴維說。我盯著他看，於是他趕緊改變策略。

「今天晚上妳會過來是有原因的，」他說，「妳的生活裡一定有哪裡出了問題，要不然妳也不會來這裡。」

他說得沒錯。我是有進步一些了，但是我在美國還是覺得寂寞和彆扭，彷彿永遠無法融入這裡，永遠無法在這裡打造一個令人滿意的生活。是有幾位當地的好心媽媽看我可憐，安排孩子們一起玩的「遊戲聚會」，可是這種關係並不持久。如果我對自己完全誠實，我會說我其實並不特別快樂，每次克蕾兒說到「翻轉式的突破」，我內在那個想要購買幸福的消費者就會像草原鼠那樣急忙探出頭來。

打從我開始深入探索幸福的世界，就一直這樣，我在既好奇又疏離，和整個人被吸進去之間瘋狂搖擺。前一刻我完全同意艾莉絲．茅斯的研究結果：「追逐幸福是通往寂寞悲慘生活的單程票」，但下一刻我就開始擔心自己的憤世嫉俗會阻礙我達到其他人都在體驗的那種美妙喜樂。我開始暗自希望，當我在做研究的同時，可以順便偷偷搭上前往幸福的便車。

也許是因為戴維很有說服力，也許是我對自己情緒勒索，也或者是因為克蕾兒說「別指責他人，回頭檢討自己」，而且身為猶太媽媽，有機會將整個週末用來沉浸在自我鞭策上，實在太吸引人。不知怎地，不久之後我就發現自己撥電話到「里程碑」公司總部，預約了週末的三日課程。

「妳想從課程中得到什麼呢？」語氣有點緊繃的女人在電話那頭問。我語無倫次、含糊地說，我想要更快樂。

「妳想要得到幸福？」她用客服中心那種機械式的聲音回話，像是詢問要替我轉接到哪個部門。

「呃，我想是吧……我是說，我想大家都想要，那個……快樂吧。」我以英式風格的笨嘴拙舌說道。我不希望自己聽起來太貪心。

「嗯，很湊巧，在里程碑論壇的官方主推清單上，幸福就是第七項！」

她用資訊型廣告的口吻，滔滔不絕念起論壇清單，就像醫生匆匆念完一長串藥物副作用那樣。「第一，勇氣；第二，自信；第三，擺脫憎恨和懊悔……」我多少期待最後一個是「死亡」。

「不過，在妳還沒來上課程以前，就會開始體驗到好處了。」她喘口氣接著說：「現在妳報名了，幸福程度就會**立刻**提升。跟妳說一個例子好了，有個男人星期二報名了週末的課程。到了星期四，他**都還沒開始上課**，從出生後就沒見過面的女兒，竟然來到他家門口。」她停頓了一會兒，等我沉澱一下她所說的一切。

接著，我就把我的信用卡資料給她了。

里程碑教育公司在龐大並具影響力的自我成長產業裡，是主要推手。以書、

DVD、網路研討會和課程的形式，將快樂進行系統性的包裝並販售，估計可達一百億美金的產值，[1]規模可比擬好萊塢電影產業。當然，好萊塢更是另一個永保幸福快樂的大供應商。

我們的生活變得愈來愈孤立，很少有時間找朋友聚聚，或參加社交活動，因為我們有了專業化的滿足感來源，我們付錢給專家提供我們忠告，而在過去，這些忠告往往來自密友和社群。在熱愛消費主義的文化裡，快樂成了終極的消費品。

在這產業中的每個人也變得愈來愈富有。里程碑教育公司每年進帳約八千五百萬美金，[2]而目前活躍於美國大約五千位的激勵講者，總收入約十億美金。留著八字鬍的快樂大師菲利普·麥格勞博士（Dr. Phil McGraw）年收入超過七千萬美金，而「釋放內在力量」的安東尼·羅賓斯據說每年賺進三千萬美金。[3]美國大眾對包裝精美的快樂解決方案，胃口只是愈來愈大。

葛瑞琴·魯賓的超級暢銷巨作《過得還不錯的一年：我的快樂生活提案》（*The Happiness Project*）啟發了新一代對生活充滿擔憂的人們，他們在Excel試算表上絞盡腦汁，仔細列舉個人的快樂目標。在魯賓的敦促之下，整頓完雜亂的衣櫥、擁抱美好氣味，卻依然找不到至福的人，亞馬遜網站上還有八萬多筆書籍，保證提供通往快樂的路線圖，可以好好挑選。

另外還有一整個類別的自我成長書籍，專門針對「愛情關係」提供建言。我想，在我二十幾歲那一次特別難堪的分手之後，我就讀遍了這個類別的經典之作。這些萬用的忠告，大概可以總結為：女人要假裝自己不在乎，男人（雖然不大可能，但萬一你正在讀這類書）要假裝自己在乎。

我們可以灌注「培力」給自己，大幅改善我們的快樂程度——這個原則被拿來向我們兜售一切，從豪華名車到洗碗機清潔劑。政客現在普遍運用自我成長風格的語彙和原則，幾乎無法區分是老政客或是激勵講師在講話了。南非前總統曼德拉過世時，推特瘋狂轉推他某場演說裡的幾句話：「我們心中最深的恐懼不是自己的無能，而是我們所擁有的力量超乎自己的想像。」

其實曼德拉從未說過這些話。這幾句摘文來自暢銷自我成長書籍《愛的奇蹟課程》（*A Return to Love: Reflections on the Principles of 'A Course in Miracles'*），由「心靈導師」瑪莉安・威廉森（Marianne Williamson）所著。這顯示自我成長文化早已深深滲入主流，大家已經無法區分差別。

毫無意外地，自我成長大師羅賓斯跟橫跨政治光譜裡的總統和總統候選人都合作過，包括民主黨的柯林頓和二〇一二年共和黨候選人米特・羅姆尼（Mitt Romney）。（據說，當時羅賓斯也去找過羅姆尼的對手歐巴馬，提議要提供服務，可是未來總統歐巴馬卻婉拒了。當羅賓斯說起這個故事時，不知怎地將羅姆尼說成了贏家，而歐巴馬卻成了輸家，我想，這都歸功於正向思考的力量吧。）

里程碑論壇開始的今天是星期五，也是今年到目前為止，天氣最美妙的日子之一。戶外，早春的空氣中閃耀著金色光芒。我正坐在里程碑教育中心的溫控會議室裡，等著我的里程碑開場，我盯著可以反覆使用的塑膠布條，上頭寫著：

翻轉人生：開創新疆域的可能性

除了科幻小說、英國貴族圈的外圍，或冷門宗教團體的預言，我很少聽到「疆域」這個字眼。在這個充滿可能性的疆域裡，照明是慘白的日光燈，並將灰色威尼斯百葉窗垂放下來，厚重的防火鋼門牢牢關上，數排相同的會議桌椅面對白板。

今天的課程至少到晚上十點。在我走進大樓那一刻起，里程碑公司助理要我簽署同意書，那份有點嚇人的同意書裡提到，我們只有在傍晚才會吃飯休息（同意書裡也提到，有一小部分學員參加完課程之後，會產生一些症狀，從減少睡眠到失常行為都有）。

我快速心算了一下。房間裡大約有一百一十個人，我們付了里程碑公司總共六萬五千美金，迫切地期待個人的翻轉突破。從我四周嗡嗡作響的對話聽來，這群人對自我成長這個領域已經是熟門熟路。老師還沒抵達以前，「培力」和「本真」❽的漫談此起彼落。坐我左邊微微冒汗的空調承包商則提到了「愛自己」這個詞。我只好把椅子稍微往右移一點。

看起來比我還不安的是坐我後排的兩位日本行政助理，他們是被老闆派來上課的，下個月他們還要被送去上安東尼．羅賓斯的課。看來里程碑公司的重點是培養「狀態」，而安東尼的重點是「實踐」。

里程碑論壇來自一九七〇年代惡名昭彰的課程——EST訓練法，由曾經是汽車業務的維爾納．艾哈德（Werner Erhard）所創立。根據當代對EST訓練法的描述，學員會被關進飯店宴會廳長達十五個小時，不只不能上廁所，還會被貼上「混帳」的標籤、被人吼叫，直到他們接受——一切都是他們自己的問題，從伴侶出軌到離婚到遭受侵害，一切都是他們自己的錯。[4]儘管EST的方法頗具爭議性，但在一九七〇年代卻大受歡迎，包括好幾個名人都宣稱他們的人生因此翻轉。到了一九八〇年代，艾哈德重新打造他的課程，變身為較溫和、較企業化的「論壇」，後來更轉變為「里程碑論壇」。一九九一年，他將他的課程「技術」賣給員工，然後主動辭職。後來的課程內容，將EST年代的版本加以調整，我迫切地想看看如今的課程有多少是沿用原本的理論。

九點整，門打開了，老師薇拉莉衝進房間，以歐普拉風格迎向熱烈的掌聲。薇拉莉頭髮梳得老高，穿著金色背心，散發出一種氣場，她的裝扮也不像參加「派對現場」，而是「防彈衣戰術演練」那種。她自我介紹之後，讓大家問了幾個問題，態度強硬而不留情，說話直白而不修飾。她常使用**浮誇**這個詞，我懷疑那可能是比較不具有攻擊性、以退為進的態度。

眾所皆知，里程碑公司極少在主流媒體上廣告，卻能夠販賣產品，這令人印象深刻。薇拉莉很難從業務模式轉換成教學模式，因為當天的前幾個小時似乎都花在瘋狂推銷課程上，問題是我們已經買了課程，才能坐在這裡啊。

薇拉莉概述里程碑論壇為她的人生帶來多少禮物，她再三強調，等到星期天晚上結束的時候，我們的人生與性格也會有閃閃發亮的改變。我們看了一段宣傳影片，裡面滿是里程碑校友跳芭蕾舞、在海灘嬉戲、演奏大提琴等等，感覺很像衛生棉條廣告。我們聽了里程碑論壇廣告部門的介紹，它協助美國企業為員工個人帶來翻轉性的改變。我們所有人一起研讀各種里程碑宣傳品，就像一班正統猶太小學生，細細拜讀上帝的話語。

「不管你想為自己或人生爭取什麼，都可以從里程碑論壇中獲得……」薇拉莉朗讀掛在房間前方的大布條。她極為嚴肅地重申「不論什麼都可以」，她以意義深重的眼神盯著整個房間的人，彷彿在說：「在這個充滿可能性的疆域裡，任何物理定律都不會是障礙，而是機會。」我看了一眼手錶，已經過了兩個多鐘頭，到底什麼時候才會進入正題。

主辦單位之所以花這麼長時間行銷，有一部分是因為里程碑論壇有專屬的企業迂迴語彙，累贅複雜到簡直令人難以消受，什麼都要多花四倍時間來說明。自我成長的訓練經常受到的批評就是，它往往會把複雜的人類經驗削減成過度簡化的短句，可是里程碑似乎完全反其道而行，它把相對單純的概念，加上過多的子句、修飾和文法變形，讓人聽不懂。讀課程資料裡的句子，就覺得自己好像需要外帶一份午餐外加一瓶水，才能撐過這段時間。

三個多小時的課程，全都是令人暈頭轉向的承諾，卻沒有實質內容，後來大家要不是處於準備脫胎換骨的亢奮，就是陷入過多文法引起的恍神。不管是哪一種，我們都迫切地希望改變。謝天謝地，薇拉莉終於暫停她的行銷，開始進行「分享」。

一位二十出頭的東歐美女率先站到麥克風前。她對整個房間的人說起自己的人生故事，就像在場很多人的個人故事，裡面充滿了令人心碎的悲劇，讓我覺得和她同享個人發展課程的自己是個騙子。

薇拉莉拿著麥克筆站在白板前。她在板子上畫了兩個大圓，將第一個圓標示為「發生過」，在第二個圓上寫「從未發生過」。那個年輕女子每揭露一段個人故事，薇拉莉就做出「這是事實」或是「虛構」的個人判決，並在其中一個圓裡畫上一個大叉。

年輕女子：「我在波蘭出生。」

（薇拉莉在「發生過」的圓圈裡畫了個叉。「在波蘭出生是個可驗證的事實。」）

年輕女子：「我爸媽拋棄了我。」

（薇拉莉在「從未發生過」的圓圈裡畫了個歡喜的叉。「不像波蘭，拋棄不是個事實，而是一種個人詮釋。」❾年輕女子哭了出來。）

年輕女子：「孤兒院的工作人員對我很殘忍，他們不像父母那樣愛我。」

（薇拉莉連續在「從未發生過」快速畫了兩個叉。）

年輕女子：「我這輩子都無法順利建立親密關係。」

（薇拉莉在「從未發生過」畫了個得意洋洋的叉，為了增加戲劇效果，還用馬克筆在白板上的每個字上頭敲了敲。）

在這場讓人很不舒服的演出中，我卻冒出有趣的想法。的確，我們時時都在替自己的生活事件建構詮釋，並未看出真正的事實。我在內心檢視自己的生活，看出我有不少深信不疑的想法，其實是我自己發明出來的故事。「我在加州想家又寂寞」是個詮釋，或許「五點半才吃午餐休息，晚得不合理」也是。（這麼一想，時間本身也只是個詮釋，雖然我擔心太深入這個哲學兔子洞，可能會讓我們永遠無法休息吃午餐）。我想，如果談的是里程碑論壇是否可能帶來翻轉效果，薇拉莉對於故事和詮釋的戒心可能就不會那麼激烈，然而我可以看出，能夠區分事實和詮釋，是個珍貴的人生技能。

可是，我忍不住想，我們告訴自己的故事都是多年來建立的，為了複雜的心理因素而雕琢出來的。在白板上用麥克筆畫三分鐘，真的就是拆解它們的最佳方法嗎？就薇拉莉的自我介紹，她並不是心理學領域的專業人士，看到她猛烈攻擊一個採取子自我防禦的脆弱女子，不只令人極不自在，也讓人憂心忡忡。

突然，薇拉莉轉向所有學員，開始大肆辱罵我們所有人，說我們不真誠、老是騙人。挑起這番激烈言論的波蘭女子還站在麥克風前，當眾痛哭。

這整件事就像一場荒誕的戲劇演出，怪的是，並沒有人抗議。大家的反應正好相反，薇拉莉再請一位學員自願上台分享時，有不少人搶著舉手。

接下來的幾個小時裡，有更多人自願讓薇拉莉公開地將他們的人生故事區分成事實和虛構。依據白板上的圓圈，父母的虐待和冷落、乏善可陳的韻事、自戀的先生、仗勢欺人的老闆、種族歧視等等，全都是他們自己幻想出來的。

在「圓圈」活動之後，薇拉莉接著指導每位上台分享的人，經過抽絲剝繭，直指他們的弱點，然後揭穿她認為這些人一直用來麻醉自己的故事，直到他們情緒崩潰、痛哭出聲為止。有時她敏銳到不尋常，立刻說中他們自己甚至不肯承認的人生真相；有時候則錯得離譜。我身為觀察者，感覺這個場面不像在治療，而是謀殺審判庭的交叉質詢。事後，薇拉莉又滿臉笑容，以溫暖的態度恭喜分享者，並邀請所有的學員鼓掌。這真是個詭異又令人迷惑的奇觀。

最後，薇拉莉完全說服我們，故事和詮釋是人類經驗中邪惡的一面，正蠶食著我們心中的快樂。她花了點時間發里程碑論壇進階課程的傳單。根據這份傳單，這個要價八百七十五美金的課程「絕對獨樹一幟」，如果我們在星期二以前繳清學費，還可以拿到二百九十美金的折扣。

下午五點四十五分，我們還沒休息吃中飯。在這個空氣不流通、日光燈直射的房間，一動也不動地待上幾個鐘頭，就像坐了長程航班之後，暫時被安置在跑道上。滯悶的空氣裡充滿了呼吸的吸吐氣和渴求。我的背和頭好痛，隱形眼鏡都快在我的眼珠子裡燒出兩個圓印了。我覺得我的腦袋似乎被強行挖走，然後被一個只開了迷你空調的會議套房所取代，我有種可怕的疑心：這才是重點所在。

終於到了休息時間，排著長長的隊伍要上女廁時，我很詫異地發現，竟然只有很少人認為上課經驗讓人很不舒服。有個女人淚流滿面地衝出大樓，再也沒有回來完成剩下的課程，可是有更多人聲稱她們已經有了翻轉人生的突破。有個五十出頭的婦女，三年來頭一次跟媽媽通電話，在漫長激烈的爭執之後重修舊好。另一個學員經歷了就我看來更殘酷的拷問，卻對這個經驗讚不絕口。

用餐休息時間的作業就是要分成小組，和其他學員「分享」更多自己希望從這堂課程得到什麼。我們走到當地超市買冷藏的軟三明治，衝回里程碑那間沉悶的休息室，囫圇吞下，好趕在晚課開始以前完成意見分享與進食。我覺得，薇拉莉對於遲到的人不會有好臉色。

對我來說，今天到目前為止最棒的一部分，就是我們的小組洋溢著真誠的善意：我們這個組合很奇怪，年紀從十九歲到七十歲不等，裝扮從針織披肩到臉部骷髏刺青，應有盡有，我們全都被放進這個情緒任務的壓力鍋裡。這群人裡最年輕的是一位十九歲男孩，他全身都有打洞，充滿壓抑的怒氣，他告訴我們他信仰極為虔誠的父親從小如何說服他相信：上帝痛恨他。我們聽他的故事聽得太入迷，忘記了時間。我們突然一驚，發現薇拉莉主持的晚間課程已經開始五分鐘了。

我們悄悄走到房間後方，希望能夠掩人耳目地溜過去，卻沒那麼好運。薇拉莉衝著我們來，拿我們當例子，抨擊遲到的行為，「休息結束後晚了幾分鐘回來」，證明我們在人生各個領域都是靠不住的。

到了十點鐘，防火鋼門終於打開，我覺得被羞辱、身心俱疲。我們的作業——理應在明天上課之前完成——就是打通電話或寫封信給生活中某個我們「並未真心以待」的人（然後邀請對方來參加里程碑星期二晚上的招生座談）。志工們發了一份講義，寫著進行這項任務的腳本範例。我瞥見第一行寫著：「我來里程碑論壇所達成的事情是……」

他們不斷宣傳「里程碑論壇」，感覺就像某種企業贊助的交易，把自己的名字塞進每個人類共享經驗的東西裡——比方說，巴克萊銀行與英格蘭足球超級聯賽、湯瑪士火車床墊公司與交通報導，或許再加上「里程碑論壇與你媽媽的關係」。

我很想嘗試邀請親近的人來完成功課，卻失敗了，我想不出可以把這個腳本用在誰身上，而對方不會認為（A）我把他們當成我「個人情緒旅程」中的臨時演員，重點其實都在我身上；或者（B）我被外星人綁架了。如果跟我媽媽講這一切，她會很擔心吧。

我想起幾年前朋友告訴我的故事，清晨七點，她和男友正在睡覺，一通電話把他們吵醒。原來是男友幾年前的前女友打電話來告訴他，她正在參加里程碑論壇，說她對兩人以前的關係沒有怨氣，說她「對他」已經完全釋懷，而在接到這通電話以前，他原本不曾懷疑過這項事實。

我臨陣退縮，沒有打電話給任何人，我說服自己反正在這個時間也不會有人想接到我的來電。等我回到家已經將近半夜，屋裡的每個人都熟睡了。我悄悄走進兒子小索的臥房。他小小的身體沉沉睡著，我意識到經歷這一整天後，我有多麼想念他。我在他耳畔小聲說我愛他，還有很抱歉，我花了一整天在外頭尋找快樂。他沒有醒來。

我睡得斷斷續續，薇拉莉化身為穿著金色衣服的迅猛龍，不時出現在我夢裡，罵我是個騙子！冒牌貨！說我的人生是場騙局，說我是一個壞人。

隔天是情人節，小索早早起床，躡手躡腳走進我們的臥房。他穿著飛機圖樣的藍色睡衣，得意地把他前一天親手挑選的巧克力送給我。盒子上印了狗狗的卡通圖案，寫著：「祝妳有個汪美的一天！」

「今天別去上快樂學校啦，媽咪，」他懇求說，「我昨天很想妳欸，在這裡陪我嘛。」

我沒理他。畢竟，「想念」只是一種詮釋。我選擇要到里程碑論壇「修復我的信譽」。我得到了回報。走進論壇會議室前，我拿起名牌，發現下面有張薇拉莉事先印好的情人節卡片。她甚至下了工夫客製化，用紅色麥克筆填上我的名字。此時，我先生寄了封冷冰冰的簡訊給我，說他「因故」取消了我們的晚餐預約。

如果昨天的主題是「全是你編出來的」，今天似乎轉移到「全是你的錯」，或者用里程碑的術語來說是「扛起責任來」，這就是里程碑哲學的核心觀念。

接下來的幾個鐘頭裡，有好幾個人分享自己的故事，大半故事都很揪心。這一次，薇拉莉的指導焦點放在讓他們看出這些狀況都是他們自己造成的。

一位離婚婦人原本相信她先生是個無情、冷酷的人，卻得知自己應該為他倆婚姻的失敗扛起全部責任；另一個女人發現，她搬到新城市很難有歸屬感，其實是因為她自己無能；有位非裔美國女性長輩跟全體分享，她長年的男性伴侶明明知道她是個活躍的動保人士，卻在情人節送她皮草披肩當禮物，她遭到薇拉莉大力譴責，原來不是她男友不體貼或粗心大意，她才是那個惡劣至極的女人。事後，這個惡劣至極的女人回到我旁邊的座位，低頭流淚。

第三天早晨我醒來的時候，感到不祥和恐懼。我的頭抽痛不已，背部和膝蓋都在疼，奇怪的茫然和暴躁感，以及不明原因的焦慮蔓延。我真的不想回那個房間。抵達活動中心時，我走向在走廊上巡邏的里程碑助理，我告訴他，我覺得不舒服和焦慮，說我很害怕這個課程帶來的影響。他露出謎樣笑容，喃喃說著難以理解的里程碑格言。我不太確知他的意思，不過可以想像，大意是說：「有問題的不是我們，是妳，現在報名進階課程吧。」

我都已經撐到現在了，我一定要貫徹始終。尤其當他們宣稱，個人的翻轉會在傍晚四點五十二分「左右」來到。

薇拉莉穿著墊肩西裝外套，掛著厚重的誇張項鍊，在指定的時間，向我們做了重大揭示。丟掉術語的包裝，意思是：人生沒有與生俱來的意義，所以，放手創造自己的人生吧！

這種反高潮衝擊了我。在經歷這種種之後，竟然是這樣？在探索靈魂和遭到侮辱咒罵之後？在淚水、疲憊，和坐在會議椅上三十六個鐘頭的肉體折磨之後？這種中二的哲學警句，就是我們的快樂終點？只要決定用不同角度看待事情，瞬間就能將過去累積的所有情緒都變不見？

看來只有我想的跟大家不一樣。突然間，就像主辦單位所承諾的，到處都發生了翻轉，氣氛從企業會議變成了基督教帳棚布道會，房間裡充斥著能量，大家歡笑鼓掌、哭泣擁抱。我心裡五味雜陳，有間接感受到的情緒，也有完全的解離。接著，在大家的興奮到達狂熱頂點時，薇拉莉把白板轉面，背面有事先寫好的日期與價位表。進階課程要價八百九十五美金，如果星期二之前全額付清，只要五百八十五美金。

為什麼里程碑「技術」對我不管用？

有一陣子我就像著魔似的，上完課程後整整兩個星期滿腦子都是它，薇拉莉說的話在我腦海裡轉個不停，我一次次質疑自己，就像在房間不斷掃蕩小蟲的突擊隊。我的某個想法是詮釋還是事實？我先生三個星期都沒幫忙清空洗碗機，我是不是沒負起責任？我因為時時自我監督而精疲力竭，對腦海裡的聲音厭煩起來。

這一定是艾莉絲・茅斯博士的意思，她說過度的自我聚焦會讓人更難投入生活以及跟人互動。而我先生顯然不是很欣賞太太變成高度自省的人，某天晚上，我們坐下來吃晚餐時，他懇求：「我們今天晚上能不能聊點里程碑論壇之外的事？」

可是我必須承認，我們課程上的絕大多數人都覺得這份經驗有脫胎換骨之效，或者至少他們在上完課之後立刻說他們覺得自己脫胎換骨。為什麼我心裡卻留下負面印象？

起初我推想是文化的關係，也許我的英式憤世嫉俗成了阻礙，這種風格就是更適合美國人。可是不久後我就發現，倫敦的里程碑論壇同樣蒸蒸日上，每個月都有成千上萬的英國人報名課程。有個英國老友告訴我，她參加了論壇課程，愛得不得了，其中一點就是幫助她跟翻臉很久的父親和好，而我從沒想到這個老友會對自我成長有興趣。

我就是難以接受這種課程的關鍵核心：為自己的快樂「扛起責任」，或是如同克蕾兒在最初的入門座談講的，「別再用手指著其他人，而是回頭檢視自己」，這整個想法似乎很容易就會走偏，變得缺乏同理心，甚至是全力責怪受害者。

不只是里程碑公司有這個問題。這種帶著指責意味的論述，在自我成長活動裡普遍到令人意外。

我愈是沉浸在美國式的快樂機器裡，從正念洗碗到羅賓斯、托勒，再到《歐普拉》雜誌，就愈了解，你度過一次次的重擊和陳腔濫調，底下其實有個冷冰冰和引發焦慮的脈絡。

如果有個念頭驅動著這個快樂產業，那就是：忘了其他人或生活現況——出軌的先生、不公平的老闆、性別或種族歧視、癌症、窮困、失去雙腿、忘了工作，甚至忘了喬氏連鎖雜貨店不再販售薄荷餅乾。只有一個東西能讓你快樂，那就是……**你自己！**（自我成長課程通常會把**你！**用大寫字母寫出來，就像《聖經》裡會用大寫字母寫**上帝**一樣。）

「快樂是種選擇！」一千則鼓舞人心的網路貼文都這樣喊著。連字典本人都會同意。雖然「快樂」（happiness）這個字原本來自中世紀英文「hap」，意思是「機會」或「幸運」（「happenstance／偶然」或「perhaps／也許」）——意思是，我們的幸福可能不是我們能夠直接控制的——這個想法已經被狠狠地粉碎了。網路版的《韋氏字典》現在宣布，「快樂」這個字眼的老舊定義「好運」，已經過時。

快樂產業之所以大發利市，就是因為重度相信：際遇不是重點，因為我們可以完全控制自己的心態，能夠任意選擇升級自己的心態。

表面上看來，這是個很吸引人、激勵人心的保證。可是，不用多久就能了解這個邏輯的反面意義是：如果我不快樂，都是我的錯。

而對於這點，他們提出的原因，差別並不大。「問題從來不在資源，真正的問題是缺乏應變能力。」安東尼・羅賓斯在他的「終級邊緣」課程裡微笑說道。艾克哈特・托勒則全面譴責我的錯誤觀點，而用簡單的說明來涵蓋人生中可能發生的所有事件，他說：「處境從來都不是造成不快樂的主因，是你對處境的想法使你不快樂。」。已過世的吉姆・羅恩（Jim Rohn）是右翼的激勵宗師，下了結論：「別期望事情變得更容易！要期待自己更優秀！」

自我成長書籍裡有一整套次要的類別，主題五花八門到令人意外，而標題以「……的女人」當開頭，強調她們性格的缺點，將得不到快樂的原因歸咎於她們自身：「愛太多的女人」、「想太多的女人」、「擔心太多的女人」、「做太多的女人」等等。（也許有些人生的問題用另類的標題來解釋更適合，像是「愛太少／想太少／擔心太少／做太少的男人」，不過奇怪的是，書市上卻看不到這樣的書。）

在這些鼓舞人心的聲音裡，潛藏著用力的指責。這些推動了百億商機的快樂產品和服務，傳達的核心訊息是：問題出在你身上！

然而，無情的自我批判似乎不是通往快樂滿足的最有效途徑。而且，將焦點放在每個人都要為自己的快樂負責，似乎和快樂真正的運作方式恰恰相反。

許多大量且持續的研究都指向「強健的社會關係和社群是幸福的關鍵」。歸屬於一個互相扶持的社群中，就是認定大家會互相依賴，為彼此和自己的快樂負責吧？個人主義式的自我成長咎責論述，以及互相關懷的社群間如何思考與行動，兩者似乎背道而馳。

經歷幾週精疲力竭的高度自我意識運作後，里程碑論壇莫名地從我腦海中消失了。一切彷彿從未發生過似的。我跟一位課程學員麥特碰面喝咖啡，他告訴我，他也是這種狀況。「大概有一整個星期，我幾乎無時無刻不在回想那個課程，」他說，「感覺就像得到啟示似的，可是過了幾天以後，一切就回到正常狀態，我基本上把他們講的東西都忘光了。」也許麥特和我的這種反應是快樂速療法更常見的問題之一。

我幾乎完全忘了里程碑的課程，但自從得知參與社群對於擁有快樂有多重要之後，我內心深處就一直想找到更深入參與的方法。直到幾週過後，我正在逛幾個網站，並想在這一帶尋找擔任志工的機會時，湊巧看到附近中學正在招募「挑戰日」

的活動志工。我不知道什麼是挑戰日，可是我想去這所中學當志工。我以前在拍電視紀錄片時，跟青少年有不少合作，還滿想念跟他們相處的，所以我按下連結。

我這才知道，挑戰日是自我成長類型的課程，在全美各地的中學開設。根據網站說明，美國四十七個州超過一百萬名的學生曾經參與。

歐普拉就是這個課程的粉絲，在該網站的「評量和研究」頁面上，她大力推崇：「我不是在開玩笑，這就是我們改變世界的方式。」

只是帶領中學生在體育館裡舉行單日課程，就想「改變世界」，這樣的期望似乎太高了。我一好奇，就忍不住挖掘更多資訊，陸續在網路上發現幾篇文章，還有兩、三段YouTube影片。

影片呈現了為期一天的集體懺悔是什麼情形，有一百名左右的八年級生共聚一堂，輪流公開自己關於性、家暴、忽略、成癮和霸凌的最深祕密。我看愈久，愈聯想到某個東西——里程碑論壇——只不過對象是孩子。

稍微探究一下就會發現，雖然和里程碑論壇沒有正式關聯，但挑戰日領導團隊有好幾個成員確實表示，自己深受里程碑技巧和觀點影響。挑戰日全球領導委員會的一位成員，就擔任過里程碑的帶領人，[5]有好幾個成員在訪談裡提到里程碑對他們的思路帶來重大影響，其中一人甚至說他畢業自里程碑的前身，也就是那個罵人是混帳、不准人上廁所的EST訓練法。6

雖然挑戰日背後的推手，似乎不是里程碑那種強調個人責任的理念，也沒有里程碑那種責怪受害者的論調，重點看來放在公開坦承問題，而不是嘗試解決問題，但是感覺對孩子的負擔還是太大。這讓我不禁思考，從一九八〇年代中期我上中學以來，孩童的本質是否有過什麼根本的轉變？因為凡是精神還能正常運作、一心想熬過青春期的少年少女，對他們來說最糟糕的事情，就是對著全年級公開自己最私人的祕密。

這似乎就是快樂產業無遠弗屆的影響力：孩子們在中學就要上自我成長課程。挑戰日並不是冷門實驗——到目前為止已經有超過一百萬人次參加過，它快速進入了公立教育的主流。令我意外的是，花納稅人的錢讓少年少女經歷這種集體公開的替代療法，應該更有爭議性才對。例如里程碑課程，這些主持挑戰日的帶領人並非心理健康的專業人士，沒受過訓練，如何處理這些複雜困難的問題？如果這些孩子事先掌握了這套課程的內容，怎麼會同意配合？

讓人意外的是，挑戰日遍及全美各校，書面資料相對來說卻極少。我四處搜尋了一陣子，只找到《西雅圖時報》幾年前的一篇文章，批評這個課程過度暴露隱私，另外還有一個福音派基督徒媽媽在部落格上發文，對她而言這個課程主要的問題在於：他們鼓勵孩子認為「當同志也沒關係」。我直覺地對挑戰日感到不安，我可能會做出負面評斷，於是我決定暫持保留態度，先不批判。

我們附近有幾所學校正在找志工到挑戰日幫忙。我打電話到清單上的第一所學校，留了語音訊息說我想當志工。一個小時內我就接到回電。對話如下：

一位很客氣的男人問：「哈囉，露絲嗎？妳留言說想在星期一擔任挑戰日的志工？」

我（在腦袋裡急忙搜索自己有什麼資格做這件事）說：「是的……我……以前共事的對象就有……」

學校客氣男（打岔）道：「太棒了！我就把妳的名字寫進名單。一群七年級生就由妳來擔任協調人，麻煩早上八點以前來體育館。」

過程就是這樣。

他完全沒問我的背景、動機和資格，是否足以應付情緒低潮的年輕人，或者我是不是有可能，比方說，是記錄在案的性罪犯。（鄭重聲明，我不是性罪犯，不管是否登記在案。要製造聳人聽聞的新聞報導也是有限度的。）直白來說，這是我找工作的經驗中，最輕鬆簡單的一次。

我出發前讀了些關於那所學校的資料。那是位於市中心治安較差的區域，一所資源不足的都會中學，有百分之九十九的學生都不是白人，學習成績低落。我想像在那樣的地方感覺會如何，成長路上有那麼多障礙，每天一定都是爬坡掙扎。這些問題有可能靠著自我成長活動化解嗎？

*

儘管困難重重，我在隔週的星期一抵達那所學校——那裡就像西方世界裡的任何一所中學一樣，牆上塗著劣質油漆、破舊的儲物櫃、老舊的地板油布，鼓吹尊重和容忍的海報孤伶伶地貼在牆上，無人理會。

我簽到時笨手笨腳，接待人員不高興地對我哼了一口氣。接著一位客氣謙和到無懈可擊的男人陪我走到體育館，我在那裡領取名牌。之後我才知道原來他是校長。沒有人問我是誰、我到那裡做什麼，也沒人問我有沒有資格應付一大群十二、三歲孩子內心深處的情緒創傷。他們一定以為已經有人問過了吧。

體育館裡氣氛熱烈。孩子們還沒來，感覺就像在籌備「一世代」（One Direction）樂團的演唱會。挑戰日的帶領人莎拉和蓋斯柏，是有群眾魅力、極為專業的雙人組，在現場有條理地架好擴音器、別上麥克風，掛起巨大的挑戰日布條。另外有幾個大人在現場幫忙，他們大多是這個學校的老師和輔導員。他們看到我似乎有點意外，但沒有任何人進一步探問。

莎拉和蓋斯柏在孩子們抵達以前，給這些大人快到令人喘不過氣的入門提點，重複交代我們，說我們很棒，指示我們「秀出自己的拿手舞步」、「盡可能多擁抱」（但又匆匆補了一句「如果孩子一臉不自在，就別再抱了」），並提醒我們有兩大箱面紙偷偷藏在音響下面，挑戰日雖然不是非要讓孩子哭，但「哭泣在所難免」。

然後又匆匆提醒我們，如果有孩子告訴我們什麼事情，暗示他們可能有立即的危險，我們必須跟學校通報。接著音樂大聲起來，我們各自散開。

上百個孩子組成長長的隊伍蛇行而入，充滿中學生式的彆扭和複雜的齒顎矯正。我們之前得到的指示是，學生經過身邊時，就要吶喊歡呼、跟他們擊掌，可是這樣的狀況總是讓我小尷尬，我的聲帶和四肢轉眼就變回英式遲鈍，我在生理上就是無法跟著吶喊。「秀出你們的舞步來！」蓋斯柏喊著，並把音樂調得更大聲。他大秀自己的舞步，整個體育館的人都開始跳舞，但這對我來說並非最好的跳舞環境。早上九點都還不到，我們人在學校體育館，我連咖啡都還沒喝，更不要說喝酒了。我意思意思扭兩下，超尷尬。

早上的大多時間都花在各種暖身練習上。我們用超大的海灘球玩遊戲，除了我之外，大家似乎都知道怎麼玩。莎拉叫幾個孩子站起來，以現在式描述自己「夢想的生活」，像是「我是……」而不是「我想成為……」，因為你愈常說出口，就愈可能成真。這些孩子的抱負似乎都在預期之中，有不少人希望未來能踢職業足球和成為NBA明星，只有一個女生以啦啦隊的完美活力使勁喊道：「**我是**國中數學老師！」當全室逐漸安靜下來時，又補了一句：「還有……我正在寫我的自傳！」

「而且會成為暢銷書！」莎拉大喊。

不過，這一切只是主要活動「分享會」的前奏。莎拉和蓋斯柏將孩子每五、六人分成一組，每組搭配一個大人。我那一組裡有個帥氣的傢伙，似乎穩坐「班上最酷」的寶座，還有三個坐立不安的女生，另外有一位來自資源班的特殊男學生。

莎拉選放某種音樂，開始用幾乎是唱誦的催眠語氣，提出一長串孩子可能想跟全班分享的問題。

「你不受歡迎嗎？你很受歡迎，可是難以承受維持形象的壓力嗎？你覺得自己不夠好嗎？不夠漂亮嗎？你很難處理自己對性的感覺嗎？你是否苦於遭受虐待或暴力？是否有人傷害你？」這個清單持續下去，音樂播放不停。此時我們都無所遁形，情緒激動、急欲分享，就像繃緊的彈簧，渴望彈開。

最後，莎拉和蓋斯柏以刻意的肅穆態度，打開裝了面紙的大箱子，儀式性地將面紙盒分給各個小組。

接著莎拉下達指示：「你們每個人有兩分鐘可以分享。我希望你們用『如果你們真正認識我，就會知道……』的句型來分享。我會用手機計時，等計時器一響，請替自己的分享做收尾，好了，每一組能不能有人自願打先鋒？……不、不、不，大人不行。學生分享的效果比較好，有沒有人？」

我們的小組裡有個叫雀兒喜的甜美女孩，她原本很安靜，此時試探性地舉起手來。「好，第一位，」莎拉說，「我在手機上設好時間，現在，開始分享。」

「如果你們真的認識我，就會知道……我爸覺得我弟快變成同志了。」雀兒喜說完立刻哭出來：「我爸不肯再讓我跟弟弟玩了，我爸現在一直在生氣，都會亂丟東西。」

「妳弟弟幾歲？」我問。

「九歲。」雀兒喜說。我完全不知道該說什麼。我看著身邊的大人們，想知道有沒有人有資格處理這種事情，可是他們都專心投入在各自的小組裡。我判定最好的做法就是讓雀兒喜暢所欲言，聽聽她想說什麼，可是挑戰日按照嚴格的時程操作，不能讓一個涕淚縱橫、有複雜家庭問題的十三歲孩子影響進度。

「好了，第一位，開始替自己的分享收尾……」莎拉打岔。

可是雀兒喜好不容易打破緘默，終於發現有大人願意參與她的問題，她還沒準備好要收尾啊！「昨天，」她加快語速繼續說，「我放學回家，我爸……」

「好了，第一位，結束妳的分享。」莎拉堅定地說。雀兒喜一臉受傷。我覺得我們剛剛撬開了一罐蟲子，現在卻任牠們在體育館裡到處亂爬。

「好了，第二位，我要在手機上設定時間。」莎拉說。

第二位是卡拉，一個漂亮的非裔美國女孩，滿嘴彩色牙套。跟雀兒喜不一樣的是，她看起來對這整個狀況深感不安，在椅子裡動來動去，急切地望向分到另一組的好友。她似乎不怎麼想分享。「一開始要怎麼說，能麻煩再說一次嗎？」她拖拖拉拉地問。

「如果你們真的認識我，就會知道……」莎拉提示。

「如果你們真的認識我……等等，接下來呢？」卡拉明顯在拖時間。最後，等她再也拖不下去的時候，幾乎壓低嗓門喃喃地說，她父親最近去坐牢了。我覺得我完全不夠資格處理這種事。

現在，包括我在內，我們全都在哭。背景放著音樂，聽到這些才快滿十三歲的孩子所面臨的遭遇，陷在高漲的情緒裡，幾乎不可能不哭。

我身上彷彿發生了某種奇怪的事情。主辦單位如此精密地操縱氣氛，我也被吸了進去。我慢慢從抱持懷疑的旁觀者，成為全心全意的參與者，入戲迷醉於情緒之中。我的聲音甚至摻了點刻意賣弄的誠懇。輪到我的時候，我已經準備好要編點故事來分享，可是脫口而出的卻是我真切的煩惱。

「如果你們真的認識我，就會知道……我真的很擔心我上幼稚園的兒子。」我開始說：「有個孩子一直在找他麻煩。」我甚至用一聲悲傷又誇張的哀號結束句子。「我是他**媽**……應該要知道怎麼做才對……」

後來搭地鐵回家的時候，我覺得自己有點低級——既難為情又暴露過度。我無法想像如果我是中學生，把自己最黑暗的祕密揭露給一群孩子聽，而他們有可能在我畢業以前都拿這個祕密來對付我，我不知道自己會有什麼感覺。不過，話說回來，我想現場之所以設有防禦機制，是有理由的。

挑戰日有個盛大的重點活動：「越線」。大家都在小組裡輪流「分享」兩次之後，莎拉和蓋斯柏就把大家召集起來。他們在地板上用藍色膠帶貼出一條長線，橫越體育館。莎拉指示大人和孩子一起站在長線的一側，接下來她會喊出一連串分類，只要覺得自己屬於她喊出的類別，就跨過線去，然後轉過來面對其他人。

這些類別一開始很容易判斷，「在場低於十八歲的，請跨過這條線。」所有的孩子都跨了過去，然後轉身面對另一邊的大人。

不久後，那些類別變得愈來愈讓人難以思考，像是「因為宗教或信念受到歧視的人」、「任何失去過親近的家人或父母的人」、「任何被霸凌過的受害者」等等。

到這時，每個類別中都有幾個人會跨過那條線。莎拉再次加碼。

「因為同性戀歧視而受到欺負的人，請跨過這條線。」大家的表情更不自在了。有幾個勇敢的人跨了線。我納悶他們之後會有什麼遭遇，他們會不會後悔當初公開坦承同志身分，還是會覺得自己被注入力量。

「曾經覺得自己很窮、擔心錢或擔心無家可歸的人。」莎拉繼續說。我很意外地看到，這個類別比前一個類別更令孩子們不安。

「自己、家人或朋友有藥物或酒精成癮的問題。」莎拉喊道。

超過一半的孩子和很多老師都在這個類別下跨過了線，大部分人都不加掩飾地哭泣。莎莉問得更深入。「他們是不是更重視自己的上癮症而不是你？」她問：「這讓你們有什麼感覺？」

接著莎拉的聲音飆高，達到演出顛峰。

「曾經想過要自殺的，請跨過這條線，面對其他人。」

有個女孩幾乎每一個類別都挺身跨過線，現在更是哭得唏哩嘩啦，再次重重地跨了過去。

突然間我從夢境中醒來，這種做法實在太不恰當了。

孩子們離開後，大人們有一場十分鐘的會議，我們要填一張問卷，標註自己覺得有立即危險的學生名單，或是可能需要學校輔導員追蹤的學生，然後就各自打道回府。

走出校園時，我碰到我那組的一個女生。我問她對今天活動的看法。

「很不可思議！」她滿腔熱忱地回答。

「妳覺得哪個部分不可思議？」我微笑問她。

「我不知道有那麼多老師都有藥癮問題。」

這些孩子面臨的挑戰大到讓我心驚——成癮、窮困、種族主義、家暴、嚴重的心理健康等等，全都在活動中出現。這個學校和社區所需要的，應該是認真投注在提供這些孩子真正的長期協助上，而不是所費不貲的一日情緒劇場。

午休時間，我問其中一個去年曾經協助推動這個課程的老師，上次活動之後，她是否在孩子之間看到持久的轉變。「其實沒有，」她回答，「事後全部回到原本的狀態。」

也許自我成長課程最不明確的特點之一，就是幾乎無法證實那些課程有效與否。課程所承諾足以翻轉人生的好處都相當模糊，很難證明是否有用。

挑戰日的基本理念是：如果孩子知道同儕的經歷，就能促進理解和同理，嘲弄、霸凌和其他形式的騷擾就會停止。

這個組織在網站上發布了一些關於課程成效的數據，可是度量方法模糊不明。有個評估調查聲稱，上過課程後，有百分之九十的學生回報，自己變得「更能接受與支持其他學生」、「更能覺察自己的行為會影響其他人」。只是，學生提出關於覺察能力的報告，雖然不是毫無意義，但也不能算得上課程在客觀上是否成功的清楚評估。

我急著想看到更具體一點的資料。幸運的是，關於挑戰日課程對校園惡霸是否有遏阻作用，有個更客觀的資料來源。

按照法規，所有的學校都必須向加州教育局呈報學校裡發生過的暴力、霸凌或騷擾事件。教育局會保留每所學校的詳細紀錄，民眾可以在網路上公開查詢。

我查了查這所學校，並大受震撼。

這學校頭一次舉行挑戰日的前一年，校內總共通報過八起脅迫或暴力案件。隔年，在上過挑戰日之後，通報高達四十六起。在「騷擾或威嚇」這個類別裡也有類似的情形，學校引進挑戰日之後，這類事件比前一年暴增四倍。

這些數字應該要謹慎以待。學校暴力事件的複雜，向來很難判定因果，也無法從學校暴力在挑戰日後莫名飆升的數據推論出來。或許只是事件不再無人通報，也或許是有新老師加入這所學校，將紀錄做得更嚴謹。

不過，這份數據讓人真正懷疑，這類的中學集體懺悔活動，是否有支持挑戰日的人們所堅稱的那種翻轉力量。

*

這並不是我第一次遇到，自我成長課程提出過多承諾卻沒有實現。出版業界有個經常受到引述的說法，最可能買自我成長書籍的讀者，就是過去十八個月買過另一本自我成長書籍的人[7]——這是一個令人沮喪失望的事實，表示你之前買的那本書並不管用。

自我成長產業不受任何規範，沒有法條規定它們在行銷之前，必須先證明自己的技巧是否有效。愈來愈多研究顯示，這個產業的關鍵做法——像是正向思考、肯定以及嘗試控制自己的情緒——有許多都未經驗證，且在某些案例裡，最後都讓大家更不快樂，而不是更快樂。

這些課程往往造成時間和金錢上的浪費，而且事情也許不只這麼簡單，我開始擔心這些活動背後藏著更大的隱憂。

我想到里程碑論壇，它奇怪的憤怒與責怪語氣。我在心裡複習讀過的其他試圖讓人快樂的教材，像是無止無盡的書籍、文章、課程和忠告清單，都巧妙地堅持「我」是個需要處理的問題。快樂產業幾乎製造了焦慮文化，將我們困在自己延續的自我懷疑循環裡。除此之外，認為「解決人類煩惱的真正方法要往內求，而不是往外求」，似乎也鼓勵我們把焦點放在自己身上，而忽略更廣大世界的真正議題。

有天我先生下班回家時，我向他提出這些想法。他一臉熱切地望向電視，我可以看出他心裡正在衡量，是不是該藉著附和我的想法，說所有社會問題都來自快樂計畫的險惡陰謀，好快點結束對話。

「這些都沒有強制性，」他終於開口說，「沒有人逼任何人去讀自我成長書籍，或是參加里程碑論壇。」

說得也是。我有點自大又帶點戒心地嘀咕著，說文化論述都會影響到我們所有人，不管我們贊同與否。老實說，我不確定劃清界線有那麼簡單。十二、三歲的孩子在中學要接受半強制性的自我成長類工作坊，就顯現快樂產業的影響力滲入主流有多深遠。在我的里程碑論壇課上有好幾個人，都是雇主派來上課的，雖然里程碑堅持來上課的每個人都必須是自願的，可是當事關老闆心願的時候，自由意志就有不同的詮釋。

我愈是探究，就愈發現這個由雇主贊助的快樂課程已經愈來愈普及。對美國企業界愈來愈多的員工來說，在生活上面臨快樂商業機器這件事，已逐漸變得具有強制性。

註

❺ 作者原註：在這章裡出現的所有姓名與可供指認的細節，以及任何個人故事的詳情，全部改寫過。

❻ 韋科（Waco）位於德州，是一九九三年末日教派之一的大衛教派民眾，與教派官方發生嚴重衝突的「韋科慘案」事發地點，慘案中共八十六人死亡。

❼ 倫斯斐曾被視為前途不可限量的政治新星，尼克森、福特、雷根、布希父子都曾將其作為副總統人選加以考慮，但其強硬自負、雷厲風行的行事風格在政治圈內樹敵眾多，最終阻礙了他的發展。

❽ 本真（authenticity）是存在主義哲學術語，指人在外界的壓力和干擾下，忠於自己的個性、精神和品格的特質。

❾ 作者原註：歷史上，一些世界領袖也認為「波蘭」的存在是種個人詮釋，這種觀點現在已經遭到質疑。

第四章

幸福企業裡的工作狂

「請帶著你來到這裡的最大善意，坐下吧。」在舊金山馬奎斯萬豪酒店地下室裡，索倫．葛達姆（Soren Gordhamer）對著兩千位左右的企業人士這麼說，他們正在尋找內在智慧，「看看四周，將這份善意，默默傳送給其他人。」這是矽谷科技菁英們的主要活動。把這個房間裡所有人的財富加總起來，大約是一個中型規模國家的國內生產總值。我默默將自己的善意傳遞給坐我左邊那個汗流浹背的創投人士，他似乎搞不定該怎麼把手機調成靜音，他的Siri正在大聲說話。

這裡是備受矚目的「智慧2.0」年會，商界人士齊聚一堂，共同探索智慧的本質，以及內在旅程的潛在收益。後續列在議程裡的主題包括：「為何商務裡的正念這麼重要？」、「激化星巴克價值：當下的啟發和滋養，豐富人們的心靈」、「轉而向內並向外觸及：從全世界最大資產經理人開始推廣冥想」，以及「獨特的生意：領導者的療癒之旅如何翻轉整間公司」。

智慧2.0是趨勢的先鋒，讓公司對員工的情緒、個人與心靈成長愈來愈有興趣。

大家忙著交換名片，他們是正念總監、快樂總監、正念成就幹事。

我聽著會議籌辦團隊冗長的介紹。仔細聆聽，這些正念菁英在講話的時候，似乎集體採用了某種特別的正念語氣——拖長尾音、意味深長且充滿張力的停頓，加上緩慢的吸氣。我努力想了一下，終於承認：這種聲音不知何故就是會把我惹火，我的啟蒙之旅顯然還有漫漫長路要走。

走廊上正舉辦某種正念商展，有一群佛教僧侶以彩色細沙創造出繁複的壁畫，再以小小的漏斗和管子將壁畫漸漸刮除。會議結束後，整幅壁畫會全部清除，這種儀式象徵著人生一切無常（包括在場有不少人很可能會丟掉飯碗），他們四周有一排又一排的攤位，販賣正念書籍，還有以企業人士為主的豪華瑜珈靜修中心免費發放原子筆。

有個研發人員勇敢地獨守攤位，展示他的「腦感器」。展示桌上散落著糾纏的電線、暴露的電路和好幾把螺絲起子。我朝他走去。

「這是什麼？」我問。

「可以穿在身上的生理回饋腰帶，套在胸罩下面，當妳有壓力或不快樂的時候，它就會提醒妳。」

「怎麼提醒？」

「它擁抱妳的力道會愈來愈強，幫助妳放鬆。」

「你的意思是束緊吧？」我問。

「我比較想解釋成擁抱。」

我懷疑地看著放在腦感器旁邊又大又複雜的工具包，納悶單單是組合這個機器，是不是就會讓我陷入絕望。他也注意到我的困惑。

「這不需要靠鉗子就能組裝喔。」他馬上說。

我沒被說服，轉身往隔壁走，想試試幾場對談，以及規模較小的圓桌討論，他們各有特定的主題，也有志願主持人帶領對談。我在一張桌邊坐下，有個標示寫著目前正在討論的題目：「繁榮意識」。

主持人是個成功的高階主管教練，他向聚集在此的人說明：「我就像是這個領域裡的搖滾明星，當我走到了人生的下一個階段，我永遠不需要擔心『有什麼我負擔不起』。」

「可是，我要怎麼使用自己的金錢，才是一種有力的自我表達？」他衡量道：「我最近帶家人到非洲旅行，我們可以住在一個晚上幾千美金的酒店，也可以住在一晚美金五十元的旅館。我們就是不會把『匱乏』當作生活導航。其實大家不懂，匱乏真的可以讓生活變得**簡單**。」

坐在他兩側的女人滿臉狐疑。

他要大家參與對話。「我要支持你們的繁榮意識，你們想跟別人討論些什麼？」

「我想要豐足。」其中一個女人說，對匱乏的概念顯然不買單。

「妳的意思是金錢嗎？」我問她。

「對，」她承認道，「可是豐足聽起來比較有佛教味道。」

我試著到別桌看看。在這一桌，討論的主題標示為「商務的最重要原則——我愛你」。

主持人很時尚，四十來歲，胸前別著「馬克」的名牌。我坐下來的時候，他瞥了瞥我的名牌。

「嗨，露絲，我愛妳。」馬克說。

我一定露出了受到驚嚇的表情，他趕緊說明：「想像一個世界，每場對話都從『我愛你』開始。我進入業界後，只要以這個原則舉辦工作坊，成功率百分之百。」

「哪方面的成功率？」我困惑地問。

「成功靠著『我愛你』打破周圍的障礙。」

「妳能想像，大家都這麼做的話，世界會是什麼樣子？」他繼續說下去：「如果每一次總統對美國民眾說話的時候，都從『我愛你』開始？在國會裡，每場辯論都從『我愛你』開場？再想像每場商業對話都這樣開場呢？」

「你不覺得，『我愛你』說多了，可能會失去部分意義嗎？」我問。

「我完全不同意。」坐在馬克另一邊的女人跳出來為他辯護，直到前一刻她都默默不語，「我們不要占用寶貴的時間，讓他為了這個明明不需要辯護的想法，浪費唇舌。」

馬克一臉開心。他和那個女人聊開了，把我晾在一邊。我想他們再也不愛我了。

「『我愛你』是個開場白跟催化劑。」馬克說。女人熱切地點點頭。我試著把自己塞回這場對話裡。

「有沒有你不愛的人？」我問。

「沒有。」馬克說。

深思片刻之後，他有了不同看法。

「唔，有些人我他媽的恨之入骨，真希望上帝能把他們帶走，其中一個就是我的生意夥伴。我每天都對自己說好幾次『我愛你』。」

我想這個反應可能在他的計畫之外，但是他很快就恢復招攬生意的口吻。

「想像一下，露絲，如果妳用『我愛你』來開啟下次的商務會議，妳老闆會有什麼感覺？」

「我沒老闆，可是如果我這麼做，我想我老闆可能會有點不自在。」我說。

「那就是我要說的，因為重點不在他身上，而在妳身上。」

「但你不覺得，說話的時候，應該考慮到別人會有什麼感受嗎？」我問。

女人挺身代替馬克回答，她壓抑著情緒，就像心智開化的人努力不要對白痴失去耐性。「我不用那種方式看待世界，」她說，「我把自己照顧好，妳把妳自己照顧好。」

「妳從事哪一行？」我問她。

「我和企業合作，教導同理心課程。」

「智慧2.0」並沒有讓我學到更多。

企業的個人成長課程，不只在矽谷這裡站穩了腳步，在全美國，有愈來愈多企業主覺得自己應該要介入管理員工的情緒，甚至是他們的心靈生活，希望這樣的內在探索對公司收益會有正面影響。

《華爾街日報》上有一篇文章，報導公司提供職員「快樂訓練」的新潮流，並提及那些知名的大股東，像是瑞士銀行、美國運通、畢馬威財務管理顧問都急著報名，以便提升員工的生產力。方法從正向心理學研討會，到全面的神祕靈性靜修課程都有。[1]

商業新聞媒體對這個現象的報導，都正面得令人意外，記者常常拋出明確到出奇的統計數字，宣揚內在心靈旅程的好處。「平均來說，每個人的正念大概增加了百分之九點七。」《富比士雜誌》讚不絕口地替其中一個課程背書。

「追尋快樂有可能成為價值二十億的商業模式嗎？是的！我們可以告訴你怎麼做！」職場快樂諮商公司「將快樂送到職場上」網站如此承諾。搶手的企業心靈宗師斯瑞庫瑪・勞歐（Srikumar S. Rao）則做出更崇高的聲明，希望自己的課程能夠幫助沮喪的中階經理回答困擾世世代代哲學家的問題。他在自己的專屬網站上廣告高達八千美金的「創意和自我超越」課程，食宿另計，包括麥當勞、ＩＢＭ和美林證券在內的公司都參加了。「這個將協助你找出自己的人生目標……將意義賦予你人生的一切。」

快樂產業不只對那些優渥的階層來說是個新奇珍品，藍領老闆也愈來愈想從雇員的情緒和靈魂中獲利。美國最大的雇主沃爾瑪連鎖百貨宣布投注高達三千萬美金的「個人發展」課程在全公司的員工身上（而同樣一批人力往往得仰賴政府發放的食物券，來補足他們低於貧窮線標準的薪資）[2]。《紐約時報》派了個記者過去，該記者形容這個課程「同時結合了自我成長課程、企業靜修和帳棚布道會」。[3]

麥當勞在推廣快樂這件事上，貪了小便宜。當員工在全國各地抗議低薪之後，麥當勞在員工資源網站上提出了「幸福忠告」。「少點抱怨，」網站提議，「抱怨十分鐘，壓力荷爾蒙就會提高百分之十五。」還有要「更常唱歌，跟著自己最愛的曲子哼哼唱唱，可以降低血壓」。如果員工因薪資過低，無法買足夠的食物而不開心，網站建議他們：「少吃一點。將食物撕成小塊，可以吃得更少而依然覺得飽足。」這幾句話在網路上引發幾乎難以抑制的怒火之後，網站上只好把這些建議下架，並說有人「脫離主題且扭曲原意」。

或許是因為急著評估花錢提供快樂訓練是否值得，有些雇主甚至利用高科技監控儀器來監測員工的快樂程度。

「要能即時掌握員工的情緒。」軟體公司「Hppy」如此宣傳，他們專門製作一種手機和網路工具，「讓公司追蹤並管理員工的快樂狀態」，要求員工定時更新情緒狀態，並即時回報給老闆。

日本日立電子公司製作了「快樂測量器」，員工可以戴在身上，讓老闆監控員工的動作、姿勢和肢體語言，接著公司會把這些資訊集結起來，用一到一百分來評定員工的快樂得分。

我們可以把快樂測量器當成BuzzFeed網站上「日本瘋狂發明」的東西而不以為

意，就像日本企業界對會唱歌的小便斗或頭盔型廁紙架的反應，可是這種反烏托邦的情緒監控竟然也出現在美國公司了。

麻省理工學院人類動力學實驗室的一群研究者，啟動新創的「社會測量分析解方」，推出了更加歐威爾式（Orwellian）[10]及英文的收音設備，進行普遍的員工快樂監控。「社會測量分析別針」和日立公司的設備有類似的功能，還加上地點追蹤器和麥克風，可以監測員工的語調以及說話的對象和時間。美國銀行率先嘗試這個設備，他們要客服中心的員工戴上這種監測器，在「處理來電上有了顯著且持續的改善」。

這種潮流除了在隱私問題上引發憂慮，也使得勞雇關係在本質上有了根本的改變。一直以來，勞雇之間的契約很直截了當：前者提供勞動，後者支付勞動的費用。雖然工作總是能為人帶來一些額外的好處，像是擁有尊嚴和自尊，往往也能帶來友誼，但那些是基本的、偶發的好處。可是近來雇主如此在意員工的心情和情緒，要求的不只是員工的生產力，還要他們分享靈魂。

對員工開心與否突然產生興趣，是否真的能讓任何人更快樂？大家真的想讓老闆進入自己的腦袋，時時監測自己的心理狀態和情緒，並為達成公司的目標而讓人加以操縱和微調嗎？我們是不是進入了一個勞雇關係的美麗新世界，於是所有員工比以往都還要快樂？為了查明這一點，我決定走訪一家極重視快樂議題的公司。

從兒子出生以來，我第一次在外過夜。我在拉斯維加斯，不是忙著在罪惡之城裡把一生的積蓄塞進吃角子老虎機或脫衣舞郎的三角褲，又趕攤去某種極權國家式的馬戲團、外加歌手席琳．狄翁的超級大雜燴秀場狂歡。不，我是到拉斯維加斯參觀「捷步」的企業總部。

美國知名網路零售鞋公司捷步（Zappos）的人力資源部門，看起來簡直像被動物標本剝製游擊隊襲擊過。

一頭等身大小的駱馬標本在C01會議室外頭遊蕩；一群看來有點嚇人的大型獵物在吃辦公室室內盆栽裡的草；旁邊的兒童遊戲球池裡，則堆滿了像是死斑馬的東西，一切都很詭異陰森。

快樂，在捷步這裡是件正經事。這家公司幾乎是全美稱為「企業快樂工程」（Corporate Fungineering）潮流的先驅，管理階層試圖將辦公室生活變得有趣（現在眾多公司簡稱為「找樂子！FUN！」）。捷步是光譜裡較為極端的那一邊，但是，在美國企業的自家公司裡建立類似的快樂文化，已經是很正常的現象。捷步甚至向外提供諮詢服務。

仔細看，那些動物並不是狩獵戰利品，而是令人發毛的寫實絨毛玩具，它們是企業玩樂活動和職場文化的一部分——像是辦公室派對、道具服、假髮、乒乓球比賽等，是備受鼓勵的下班後社交活動。

以這種方式在拉斯維加斯度假的人不止我一個。每年有兩萬名左右的民眾會來捷步參觀。有些參觀者本身就是公司領導人，前來取經。其餘則是受到吸引前來的顧客、遊客，甚至有人來這裡舉辦婚前單身派對。我身旁的其他觀光客，有一對穿著海軍藍商務西裝、經營軟體公司的夫妻，也有獨行的沉默男性遊客，還有一位在圖書館家具兼差的媽媽，她替孩子買捷步的鞋，所以想參觀他們的客服中心（咦？）。她滿臉懷疑地盯著球池裡的動物大屠殺，納悶地說：「這裡跟我上班的地方很不一樣。」

我們的導遊丹妮，以她在公司內部使用的綽號「文化小貓」自我介紹。在捷步，大家顯然很喜歡取綽號。丹妮已經把我們這些參觀的人命名為「小貓大ㄕˇ」，她沒說清楚到底是「一群小貓」還是「一堆屎」。

丹妮將手指向大獵物的屠殺場景說：「東尼真的很喜歡駱馬。」

她不需要告訴我們誰是東尼，我們都知道她指的是謝東尼（Tony Heish，中文名「謝家華」，捷步執行長）。東尼很有魅力，也是個備受關注的快樂福音派。東尼形容自己是「全球快樂運動」的掌舵者。除了捷步之外，他也展開了諮詢事業——「傳遞快樂」，把快樂福音傳至企業界跟其他地方。同名暢銷書《想好了就豁出去》（*Delivering Happiness*）包含一半回憶錄和一半宣言，描述他在拓展公司時，以自己員工的快樂為驅動力。「這不只是打造事業，」東尼寫道，「而是建立一種生活風格，將快樂傳遞給包括我們自己在內的每一個人」。

東尼的宗旨是要讓工作變成無窮的喜樂的來源，這樣他的員工就不會再區分工作和生活，這也就表示員工永遠不會覺得有必要要求工作和生活之間的平衡，並且想將這兩者合併在一起，這就是他所謂的「工作—生活的融合」理念。

文化小貓帶著我們經過免費玉米脆片區，桌子妝飾著彩色皺紋紙，或許是為了慶祝某事，也或者沒啥原因。接著我們來到「皇族室」，那是個位於角落的小辦公室，裡面有個大寶座，標示寫著：「你是皇族。」那裡是捷步駐辦公室的人生教練奧古斯塔．史考特的轄區。員工可以坐在寶座上，接受奧古斯塔一年四次、每次半小時的諮商，好將你個人與專業的快樂最佳化，是全公司上下都能享受的福利。

我們又聽說了「午睡室」，也看了「領帶牆」。捷步並不鼓勵員工做所謂的「商務裝扮」，如果有人打領帶來上班，「快樂執法部」可能就會把他的領帶從脖子下方剪斷，然後把這個勒住人的鬼東西掛在牆上，以符合公司官方所說的「核心價值第三號：創造樂趣，少點詭異」（雖然我忍不住覺得，如果想在這個環境裡嘗試真正詭異或顛覆的事情，一身熨燙完美的商務西裝還挺酷的）。

幾個星期前，我寄了封電子郵件表示希望訪問謝東尼。我用最活潑的語彙撰寫訊息，甚至在信尾寫了「**祝週末愉快！**」，使用了大寫和驚嘆號。我這個人幾乎從來不用驚嘆號。我甚至考慮加碼放第二個驚嘆號，可是我的英國血統起了作用，所以我就刪掉了。

我立刻收到謝東尼公關同樣活潑的回函，事實上語氣活潑到我花了一點時間才弄懂答案是堅定的「不行」。東尼接下來半年都忙得撥不出一小時跟我聊聊。為了解釋清楚，公關隨信還附上東尼接下來幾個月的個人優先待辦清單。

這張優先待辦清單很有意思，可以一窺東尼的心靈，或者至少能夠瞥一眼企業文化幕後的景象。文件本身幾乎無法解讀，充滿了我無法理解的用語，像是「全體共治」和「品牌氣場」，我在Google上查詢，只出現了更多像是「產品的感觸」、

「將隱含的意義變得明確」等描述，直到這些管理術語在我的腦袋裡逐漸變質，搞得我頭昏腦脹。

我才看了一半東尼的清單，就瞥見了他會拒絕我的真正原因：

除了上頭條列的優先事項，我也發現跟某些類型的人會面很耗費精力，某些人則能讓我產生能量。我會把能讓我充滿精力的人列為優先，而不是那些損耗我精力的人。

早知道我就用兩個驚嘆號。

既然沒辦法跟東尼一聊，我只好找他的員工聊聊。

馬克・洛蘭德是謝東尼的忠實擁護者。他以前是澳洲一家成功連鎖餐廳的執行長，受到企業快樂議程的吸引，看了網路上的資訊後，非常喜歡，就直接寫電子郵件給謝東尼，告訴對方，自己想在新的事業裡複製捷步的整個做法和文化。他原本以為會收到捷步律師團寄來的禁制令，結果卻收到對方的邀請函，請他來拉斯維加斯的總部，親身體驗這種以快樂為基礎的事業模式。

馬克來了之後著迷不已，最後成功說服太太和小孩移居美國，這樣他就可以全職投入謝東尼的各項事業，包括扮演「傳遞快樂」諮詢公司的「快樂啦啦隊長」一角。

過了幾年後，馬克現在經營自己的新創公司，部分是由謝東尼出資。它的網站上寫著：「釋放企業生態體系的潛能，並超越令人驚嘆的境界。」我不大確定什麼是企業生態體系，可是「超越令人驚嘆的境界」則讓我覺得心很累。

我來這兒之前曾先到「傳遞快樂」的網站上看過馬克的簡介，他的簡歷和咧嘴大笑的照片旁邊，用大大的紫色花體字，引用惡名昭彰的超右翼哲學家安．蘭德（Ayn Rand）的文字，駁斥所有無私和利他主義的想法，而偏好奠基於「自私的美德」的激進個人主義，「達到個人的快樂是你人生唯一的道德目標」。蘭德的想法在美國保守人士之間頗有影響力，尤其在矽谷。我到目前為止學到的關於人類快樂的本質，都與蘭德的哲學恰恰相反，我很想知道馬克對她的想法篤信到什麼地步。

「我在網站的簡介頁面看到你引用安．蘭德的話，」我劈頭就問，「你是她的粉絲嗎？」

「安．蘭德？」馬克一臉茫然，「誰啊？」

馬克並不是激進的個人主義者，這不免讓我有點失望，我這才意識到原來我早已在心裡磨刀霍霍，想好好激辯一番。我有點洩了氣，只好改變策略，請馬克舉幾個例子，說明如何傳遞快樂給員工。

「唔，首先呢，我嚴禁大家使用『不』這個字眼。」他回答。

「我不懂。」我一說出口，馬上閉嘴，擔心自己可能落入某種莊家必贏的正向思考心理遊戲賭局。

馬克笑了：「我們的核心價值之一就是正向，」他告訴我，「如果我問某個人過得如何，對方回答『不差』。我就會回說，『我是問你過得如何，不是問你過得**不**如何』。」他坐回椅子裡，叉起雙臂，露出中階主管突然想出新格言時那種無限滿足的模樣。

我問他，這樣會不會讓他的員工更煩躁而不是更快樂？

「不會，」馬克說，「他們知道不要說超過兩、三次就好。」

他又舉了個例子給我聽。

前陣子，當他經過揀步的發貨倉庫時，看到有個員工把鞋子裝箱的方式，欠缺更深刻的思考涵義。

「我對他說：『我們一起為這個工作加入點意義吧。』」馬克說，「我問他：『這些鞋子是給誰的？』那個傢伙看了訂單一眼，然後說：『蕾秋。』接著我問他：『這是哪種鞋？』他又低頭看了看訂單，然後說：『紅色細高跟鞋。』接著我說：『某個人會穿紅色細高跟鞋去哪？』他想了一下，然後說：『去參加派對。』」

馬克鼓勵那個倉庫員工想像著蕾秋，她因為星期六晚上的大派對興奮不已，熱切地等待她的紅色細高跟鞋，好完成她計畫了幾週的全副裝扮。可是星期六早上那雙細高跟鞋卻沒有送到，最後蕾秋沒鞋可穿，無法參加大派對。這全都是因為拉斯維加斯的倉庫員工沒能及時發貨。

「然後這個傢伙盯著我，一滴淚水滾下他的臉頰。這個身高兩百多公分的高大西薩摩亞男人臉上掛著豆大的淚滴。」馬克一臉嚮往，他說，「我幫他在工作上加添了深刻的意義。」

我在跟馬克聊天的時候，注意到他用很奇怪的方式談論公司和自己的工作，彷彿他根本不把它當成工作，而是某種個人使命。「我們就像一個大家庭。」他說。

我在拉斯維加斯的這段期間常常聽到這個說法。公司十分鼓勵員工將自己稱作「捷步家族」，這個說法不只出現在公司所有的書面文字裡，也經常出現在一般的對話中。（遺憾的是，不管我何時聽到這個說法，我的腦袋馬上聯想到犯下連續殺人案的「曼森家族」[11]，稍稍破壞了這溫馨的效果。）

後來我發現，馬克和雇主的關係在另一個關鍵層面上，也更像是家人。他天外飛來一筆，揭露了一件讓我震撼的事情。

他替謝東尼工作的前九個月，每星期投注六十個小時左右在東尼的各項計畫上，卻完全不拿薪水，一毛也沒有。馬克似乎不覺得這有什麼大不了，可是我不能就讓這件事過去。

「你免費工作？」我不敢置信。

「算是志工。」他說。

替一個身價高達數百萬美金的人針對好幾項營利計畫一週工作六十個小時，用「志工」這個詞感覺滿怪的。

「這樣公平嗎？」我問他，「他們這樣不是占你便宜嗎？」

「你覺得公平就是公平，」馬克說，「我當時在做各種摸索嘗試。」他頓了一下繼續說，「我得到感謝，**不少的**感謝。」

我盯著他看。

「他們給我謝卡。」

你私人的情緒不只是你老闆的事，也在他的商務計畫之內，在這樣的環境裡，商業行為和個人意識之間的界線很快就會變得模糊，多麼容易受到剝削利用。

哪一部分屬於工作、哪一部分不是，兩者之間界線模糊，卻是驅動捷步的理念。當我和這家公司的人力資源經理克莉絲塔．佛利對談時，上述的概念更鮮明了。她跟我年齡相仿，笑容溫暖，手臂上滿是刺青。

「我們不談『工作／生活的平衡』。」克莉絲塔將我迎進一間普通得令人意外的會議室，終於沒有填充駱馬或爆米花機。她繼續說：「我們談的是『工作／生活的融合』。如果你熱愛自己所做的事，就不需要畫出一條線區分家庭與工作。」

克莉絲塔說明，公司聘請新人時，會經過仔細篩選，確定他們能接受這套理念。

「面談時可能會有一題：『你下班以後會跟同事社交嗎？』」她告訴我，「如果他們說：『不會，我八點上班，五點下班回家。』那對我來說可能就是警訊。我想找的員工不是把工作跟生活分開的人。如果他們一直追問有哪些福利，那又是另一個警訊。」

捷步的參觀行程開始時，文化小貓丹妮讓我們所有人看了一段關於這家公司的影片，由謝東尼主持，他在影片裡討論捷步正式徵才時背後的思考。影片裡，東尼告訴我們，他決定要不要給某個應徵者工作時，他會自己問一個關鍵問題，那就是：「我會不會想跟這個人去喝一杯？」

我向克莉絲塔問起這件事，她看起來有點不自在，就像是受苦多年的太太，在派對上試著克制先生，要他別再向對面的老夫婦吹噓自己大學時期的爆笑醉酒大冒險。克莉絲塔努力想讓整個徵人過程聽起來更正規而非武斷，可是拿掉她話語中層層的人力資源術語之後，總結起來和影片所講的相差無幾。

她解釋說，針對每位可能進入公司的人選，這家公司會進行兩個各自獨立的招募過程。前一個按照常規，有職缺的部門會面談前來應徵的人，看看應徵者的資歷是否符合那項工作。她聲稱另一個更重要，通常隸屬於克莉絲塔負責的招募過程，也就是「文化訪談」。

第二次的面談，是以謝東尼是否會想與該位應徵者「喝一杯」來評估，以及形式化以後的結果。即使該位應徵者對這項職缺來說是最優秀、資歷最符合的人選，但是如果達不到上述這項標準，就會被自動排除在外。「維護我們的文化是最重要的。」克莉絲塔說。

「雖然求職者不知情，然而篩選過程從他們走到櫃檯的那一刻就開始了，」她繼續說，「甚至是在他們搭接駁車到公司的路上，我們會向接駁車司機詢問求職者的表現，我們也同樣會問櫃檯接待人員。」

我問她，什麼樣的人可能符合資格。

「相信公司有更崇高目標的人。」她說。

「什麼更崇高的目標？」

「為了傳遞快樂給我們接觸到的每個人。」

然而即使求職者錄取了，也還沒脫離險境。「我們總是說，我們僱人很慢，但移動人很快。」克莉絲塔說。

「什麼意思？」我問。

「如果後來發現錄取的人不符公司文化，我們就會請他出去。」

「妳是說開除嗎？」

「是。」

「這裡就像一個大家庭。」她說。

如果「文化符合」的意思就是要寶逗趣，小失誤就可能害你丟掉飯碗，要時時保持樂觀狂喜的狀態，聽起來很激烈又累人。我開始思考，要是自己的情緒狀態和個人價值觀要受到付我薪水的人這麼仔細的檢視，我會有什麼感覺。

我向克莉絲塔提出這個問題時，她否認員工若陷入情緒低潮時會害自己被革職，可是這個說法似乎和她傳達給我的訊息互相抵觸。一個與人等高的老闆人形立牌，舉著「傳遞快樂」的標語，天天在大廳迎接你，時時用訊息轟炸你，不斷強調你的快樂是公司的重大目標，不難想像，狀況不好的日子就會為當事人帶來壓力。另外還有頗為直白的訊息：如果無法在下班後維持同事之間的社交，就會在你的「文化符合」紀錄上留下另一個汙點。雖然我很贊同上班時充滿樂趣，可是要求下班後還要持續與同事社交，真的很容易讓人焦慮。

可是謝東尼並不擔心。相反地，在公司裡放滿氣球帽子和駱馬還不夠，他想把他的快樂王國大樓帶往另一個層次，將他對工作／生活融合不分的世界願景，提升到更宏偉的高度，進行前所未有的社會實驗。謝東尼啟動了一項新計畫，進而暴露出這種快樂企業的致命瑕疵。他將捷步以十億多美金的價錢賣給亞馬遜之後（但他還是持續投入公司每天的營運），東尼不是買艘遊艇給自己，或再買一家公司，而是替自己買了座城市：拉斯維加斯市中心。

市中心距離炫目浮華的賭城大道幾公里，大多遊客可能從來就不知道市中心的存在。那裡原本聚集了租金低廉的可疑賭場、閒置的空地和骯髒的汽車旅館，可能有人會來這裡揮霍掉社會救濟金支票、在酒吧鬧事打架、沾染毒癮，或是遭黑幫謀殺並塞進汽車旅館床底下。

二〇一二年初，謝東尼發現鄰近捷步辦公室這片面積大約七萬坪的荒地，在地圖上就是駱馬形狀，他出手買下附近的一切：包括建築、商號和其他。他的目標是要將這裡變成他個人的新創城市，一個人工製造出來的社群，他可以在這裡將他「工作／生活融合」的宗旨帶往另一個層次。謝東尼將這個社會工程實驗稱為「城區計畫」。他當時以「在現實生活中玩《模擬城市》（SimCity）電玩」的概念，向記者及大眾推銷這個構想。

謝東尼承諾挹注三億五千萬美金，將這片駱馬狀的絕望土地，變成快樂與創新的企業仙境。他投入五千萬美金在新創科技公司，吸引有意創業的人從全美各地搬到他這個沙漠烏托邦。他將兩億美金投入地產，買下餐廳、酒吧、公寓大廈，以便提供進駐的新創業者，過著不同程度的半公社生活。

他資助餐廳、酒吧、杯子蛋糕店來服務他們，也有健康中心（在網路上的廣告裡自稱「幸福生態系統」）來滿足他們的醫療需求，還有私立學校來教育他們的孩子，學校最小接受出生才六星期的嬰兒，專門培養學生的企業能力。一切的一切，從建物地點到人口密度（目標是每一千兩百坪有一百位居民），都奠基於謝東尼針對如何讓創新與快樂最大化的詳盡研究。城區計畫籌組了一個掌管整體方案的行政單位，規模之大，幾乎是一個市政團隊。

全美各地幾百位有意創業的人突然離開原本的家庭和社區，跟著錢過來，在謝東尼這個沙漠新天堂裡開店。理想上，這不只是事業的集合體，更是一個烏托邦社區，以工作和生活不應分割為基礎原則。「我想像自己身處一個區域裡，裡頭的每個人都隨時能跟其他人一起消磨時間，工作和遊戲之間沒有太大的區隔。」謝東尼在計畫初期如此告訴《紐約時報》。在後來的演說中，他描述自己為城區計畫立下的願景是「一場大派對」。

我備受吸引，想看看城區計畫啟動三年之後的狀況，於是在參觀完捷步之後，就徒步去探索城區計畫，在正中午的沙漠豔陽下，努力跨越十九個街區。

捷步散發著明確的企業氛圍——其思想實驗的激進程度，僅低於戴著旋轉領結的人力資源主管——但城區計畫的氣氛更難以駕馭與預測。整個區域基本上仍然有種鬼祟可疑，漂浮著保釋氛圍，卻有著淡薄脆弱的文青表面。

五年前，在謝東尼投入這個計畫以前，城區街頭的典型買賣可能是沒有健保、走投無路的妓女收錢替人口交，現在則是「回收酒瓶再製的手工起司盤」。

閒置空地、木條封起的汽車旅館，和高級酒吧與上等黑膠唱片行並肩而立。午餐時間還沒到，但四處高聲播放派對音樂。幾乎每走三公尺就會碰到可以喝一杯的地方。

我路過「氣流露營拖車園區」，謝東尼就住在那裡。他剛開始啟動他的城區計畫實驗時，搬進一棟剛買的高樓大廈——奧格登大樓，是一處由三棟不同的公寓大樓組合而成的豪華居所。一年前左右，他捨棄奢華的生活風格，以小小的露營拖車為家，進一步投入符合他烏托邦願景的公社風格生活。園區四周圍著一道高聳糾纏的帶刺鐵絲網，視線越過上方，可以看到謝東尼的露營拖車，是幾輛拖車當中的一輛。他的露營車後方連著一間小小的木屋，彷彿是龍捲風吹過來的，很有《綠野仙蹤》的風格。旁邊停了一輛鮮明的「傳遞快樂」藍色遊覽車，就是他最初用來推動「全球快樂運動」的運輸工具。

我又走了幾個街廓到城區計畫的樣板「貨櫃公園」，由舊貨櫃建造而成的廣場，裡面可以購物和吃喝，一個用廢鐵製成、高達十幾公尺的噴火螳螂聳立在入口處。據說謝東尼在內華達州的火人祭上看到這隻螳螂，當場買了下來，特別運到城區。不遠處有個女子帶著兩個眼神呆滯的學步兒，坐在寫著「需要錢買食物和尿布」的紙板後方。

我正在找一些參與這場城區計畫實驗的科技企業人，他們從別的地方搬來，以此為家。我想知道離開朋友和家人，跟同事一週七天、一天二十四小時生活與社交，是什麼感覺。在這裡，雜貨店的橄欖種類似乎多過於居家基本用品。雖然照理說，城區裡的科技創業人是新社區的基礎，我找到的卻不多。

我原本以為這個地方充滿著新創事業的能量，事實上卻很冷清。貨櫃公園空蕩蕩，除了零星的幾個捷步員工和一群下了班的女服務生正在享受午休的雞尾酒。我問其中一人，她知不知道那些創業者可能會在哪裡活動。

她要我到黃金斯派克，那裡原本是個租金低廉的骯髒賭場，現在則是謝東尼所擁有的酒吧和旅館複合空間，樓上有便宜的公寓專供創業者居住，有共用的廚房和社交區域。

從街上望去，黃金斯派克看起來完全沒經過現代化，霓虹燈閃閃滅滅，感覺有些不光彩的隱情。到了裡面，整個卻變得非常文青。寬闊的酒吧擺了張雙人床和一張沙包遊戲檯。外頭的大露台上有幾張超大型戶外沙發，沙發外頭包了層奢華的人工草皮。

我點了杯飲料，看到吧檯對面有一群看起來很認真、正專心談話的年輕人，每個人面前都亮著蘋果筆電。我想這一定是科技創業人在開會，於是晃了過去。

我錯了。他們並不是充滿幹勁、正努力想創造下一個Google或臉書的企業主，而是業餘電視節目的製作會議，他們每星期在謝東尼的露營車園區拍攝。他們得意地告訴我，幾個月前，他們找過電視影集《欲望城市》的演員莎拉．潔西卡．帕克擔任特別來賓；而這星期營區又化身可供孩童撫摸餵食的小動物園。我跟這群人聊了起來，愈來愈明白，雖然他們當中有不少人住在樓上特別為了企業主而設的住處，但是他們大多待業中，不然就是做一些自由接案的工作。就我看來，他們當中沒有一人正在經營成功的新創公司，甚至連失敗的什麼公司都沒有。

狄倫．喬金森負責開場和主持這個節目，他是個三十出頭的典型美國帥哥，有《玩具總動員》巴斯光年那種強勁的下顎線條，只是表情微微氣餒。

狄倫低頭看看他在蘋果筆電上打開的腳本檔案，然後抬起頭尋求同伴的贊同。

「『歡樂狐猴』，很有趣吧？」

「不，抱歉，並不有趣。」坐在桌尾的男人說。他是當地的喜劇演員，協助這個團隊處理腳本寫作。狄倫一臉挫敗。

我問狄倫願不願意跟我談談城區的生活，他似乎很高興能夠暫時從會議脫身，跟著我走到外頭。雖然剛過中午，露台已經坐滿了人，一群年輕人在玩巨型的疊疊樂，暢飲進口啤酒。我們在一張遠離人群的桌子坐下，躲在三公尺長的鍍金蟒蛇雕塑的暗影裡。

狄倫告訴我，他是參與城區計畫的先驅者之一，當謝東尼資助他的科技新創事業——網路售票公司「票券蛋糕」（Ticket Cake）時，他馬上從猶他州搬來拉斯維加斯，將嚴格的摩門派教養拋諸腦後。

「那時候很刺激，我們大概有六十個小公司，全都一起搬來這裡，」他告訴我，「我們都想讓工作、生活和遊戲融合在一起。家人都不在身邊，我們成為彼此的家人。」我已經很習慣他們將工作夥伴形容為家人，甚至失去了一點異端密教的感覺。可是狄倫又開始使用一套我不曾聽過的全新語彙。

「這個城市是篩選整合過的，東尼會篩選整合人選。」他告訴我。我問狄倫這是什麼意思。「就跟捷步的哲學相同，」他說，「這是『我想不想跟這傢伙喝杯啤酒』的試驗，重點是文化符合。」

「謝東尼和所有搬來的人都碰過面嗎？」我問。

「沒有——他有個系統可以評估人；由別人來評估。重點比較不在：『這門生意的構想好嗎？』而比較是：『你喜不喜歡這個人，你願意跟對方交朋友嗎？』」

狄倫告訴我，作為城區計畫的一部分，東尼會提供資金給新創公司的發起人，對象往往是朋友或朋友的朋友。他選擇挹注資金的人，至少必須是他喜歡「一起消磨時間」的對象。這個篩選過程如果不是和東尼或他朋友在城區的酒吧玩樂和閒聊一整個星期或更久，至少會是某個晚上一起上酒吧。

也許「文化符合」不是判定哪個生意構想可能會成功的最佳基礎，因為這些新創公司有不少都失敗了，其中一個就是狄倫的「票券蛋糕」。但狄倫已經離不開城區的生活。

「我的殼一層一層被剝掉了，」他說，「我在這裡喝生平第一杯酒，第一次罵髒話，很解放、很刺激。」狄倫對城區計畫忠心耿耿，並不想回猶他州。「我對快樂深深著迷，我把心都獻給這個計畫了。」

他並未辭職，而是在城區計畫的行政團隊裡找到工作，在嶄新的城市科學部門裡擔任「碰撞科學家」。

「碰撞科學」是城區計畫的核心。狄倫解釋說，以城區裡的行話來說，「碰撞」就是兩個或更多人之間的互動。謝東尼讀過社群和人際連結對於獲得快樂有多重要的相關研究，深信刻意安排愈多的「碰撞」，愈能實現快樂社群。

打從一開始，謝東尼為了將人們之間的「碰撞」最大化，便已細心規畫了這座城市的格局和建築的細節。他和他的團隊不像商務世界那樣將ＲＯＩ（投資回報率）掛在嘴上，而是發展出他們稱之為ＲＯＣ（碰撞回報率）的新度量法。想法是，愈多人受到鼓勵或被迫「碰撞」，他們就會變得更有創意、生產力更高，最終得到快樂。

狄倫在城市科學部的新職務，是要在城區裡所有居民和訪客不知情的狀況下觀察他們，運用來自他們手機的資料，追蹤他們的去向，觀察他們跟誰說話。他和他的團隊會把這些人的動態放在一系列的地圖上，目標是要測量城區計畫整體的「可碰撞」總時數。狄倫向我解釋可碰撞時數的計算公式，不過有點複雜，我不確定自己是否真的聽懂了，而且想到城市科學部目前可能就在監控我，我有點嚇壞了。

依照狄倫的說法，這個團隊早期甚至有計畫要把這種碰撞監控再推進一步，除了透過手機追蹤人們，也計畫鼓勵大家戴上某種特別設計的腕帶，可以監測握手、擁抱和揮手的次數。當狄倫說起這個升級計畫並未成功時，一臉惆悵。

城市科學部追蹤居民行為的所有資料，目標在於以人工安排情境，讓人們可以更頻繁地「碰撞」。「我們刻意增加前往各處的困難度，這樣大家就不得不碰到對方。」狄倫告訴我。

「刻意安排情境的構想，就是可以遷移、互換這個城市裡的所有建構，像是貨櫃公園和學習村落，我們隨時都可以重整它們。如果你最喜歡的店突然跑到城市的另一邊，你就必須走不同的路線到那裡去，表示你在途中會遇到更多人。」

我感到納悶，如果某天早晨上班都已經遲到了，卻發現平日買咖啡的地方突然連夜搬到十九個街區之外，會不會因而很煩躁，引發的碰撞會更暴烈而不是更友好。結果卻發現，經常移動建物實踐起來比理論上困難一些。「所以從來沒實行過。」狄倫承認道。

狄倫個性體貼溫順，聽他談碰撞的計畫，感覺就像在跟Siri語音助理或星際大戰C-3PO機器人交心對話、討論關於人際連結這件事。到目前為止，他對城區計畫都懷抱極大的熱忱，他的認同似乎跟這整個案子無法二分，我就像是聽人念一本公關手冊或一場TED講座那樣，充滿官方說法。但我很想探索得更深，想找出這種生活方式對情緒的真正影響。對我來說，這是個壓力大到出奇的環境——和同一批人共事和生活，而每天的例行活動都遭到嚴密檢視，讓人有幽閉恐懼感。不管你有多愛你的同事，別人期待你時時處於「最佳狀態」，不容有情緒低潮，這樣的生活聽起來好累人，也充滿焦慮。我跟狄倫講我的想法，問他是否也曾經覺得這種生活很有壓力。

「噢，有啊，當然。」他回答的語氣強烈得令人意外，「這裡有很多社交壓力。我很內向，跟人相處就會很焦慮，有時候我覺得自己是城裡最內向的人。」他往上指向俯瞰黃金斯派克露台的大廈區，就是他所住的那些創業者公寓。「我們共用廚房跟起居空間，」他告訴我，「可是有時候我只想躲起來，我穿著睡衣，突然聽到有個了不起的創業者到城裡來了，我就會想，我可不能露出現在這種呆樣，得趕快整理好，跟那個人聊聊才行。」

我納悶，因為這裡的文化特別強調要快樂，住在這裡得時時表現出快樂的樣子，而且不能承認有低潮或情緒擺盪的時候，這種壓力會不會進一步加重焦慮感？我問狄倫是否有過這種感覺。

「當然啊。」他回答。

他看了一眼擠在露台上的那群人，此時一個穿著彩色夾克的男人做了個奇怪的蠕動舞步，大家哈哈笑、猛灌酒飲。

「邏輯上來說，我明白跟人連結有多重要，那卻不合我的本性，」狄倫說，「上頭主張『讓我們藉由關係的力量來做大事』，可是隨著那些關係而來的壓力呢？我在這裡感到非常焦慮。」

在這個社會實驗的奇怪壓力鍋裡感到吃力的，不是只有狄倫。

城區計畫啟動已經超過一年了，一個令人憂心的怪異趨勢已開始在城區生根。二〇一三年一月二十七日，裘帝・薛門（Jody Sherman）——這個計畫中的知名創業者之一，「生態媽咪」（Ecomum）嬰兒用品網站的創辦人——原本打算和朋友去看電影，卻遲遲沒有現身。十二個小時之後，拉斯維加斯警方找到他了。他在自己的車裡，距離城區大約四十公里，朝自己的腦袋開槍。再五天就是他四十八歲的生日，他朝自己的腦袋開槍。

裘帝的自殺事件讓每個人深受震撼。在一個如此重視快樂和正向的社群裡，很多人臆測他可能因難以向任何人傾吐公司營運的困難，而感到十分痛苦。連和他關係最親近的人也一無所知。

起初，這場悲劇像是單一的偶發事件。說真的，創業本就是一種高壓生活，不管在全世界哪裡都一樣。接著，一個看似令人不安的模式卻開始浮現。

五十歲的前任企業主管麥特・柏曼（Matt Berman）在謝東尼的資助下搬來城區，他在貨櫃公園的舊火車車廂中經營一家異想天開的男士理髮店，後來有人發現他在家裡上吊，這又是一起明顯的自殺案件。

這個計畫裡最年輕的傷亡者是看來小清新的二十四歲大學畢業生歐維克・巴奈吉（Ovik Banerjee），他在城區行政團隊裡工作。

巴奈吉身後留下一個部落格，簡介照片是個穿著正式西裝的年輕人，笑容誠摯、滿懷希望。每個星期，他都會針對個人的快樂寫一篇評論，對照他替自己設下的一套快樂目標，衡量自己的進度，和我們在上百個不同的忠告部落格和正向心理學書籍裡讀過的目標並無不同：

多跟人保持聯繫——和伊森互打電話但總是找不到對方，終於通上話了。

到戶外走走——這星期沒有。

睡覺七小時——我又重蹈覆轍了。我得想出更好的睡眠模式，睡眠很重要……

每篇部落格貼文裡，巴奈吉都會分享一則激勵人心的摘文，像是：「如果你不害怕，你的方法就是錯的。」或者是：「人生只能倒著理解，但是人生一定要往前活過。」

巴奈吉在二〇一三年十月貼出最後一則個人關於快樂的評論，三個月後，他從城區公寓的陽台一躍而下。

網路八卦媒體高客網（Gawker）在它的矽谷部落格「Valleywag」上宣稱：「捷

步執行長的拉斯維加斯夢想正在內爆。」《彭博觀點》則寫道：「捷步的領袖輸了一場拉斯維加斯賭注。」頗具影響力的科技刊物《Re/code》登了一篇長文，報導前述幾起自殺案件，以及這個計畫的窘境，質疑謝東尼哲學的真正本質，標題寫著：「城區計畫自殺事件：追求快樂害你丟了性命？」

城區計畫團隊低調處理這些自殺案件。當《Re/code》的記者奈麗・包爾斯（Nellie Bowles）向謝東尼問起那些悲劇時，他三言兩語帶過：「哪裡都會發生自殺案件，看看各地統計數字就知道。」（這麼小的樣本或許在統計上很難有什麼意義，可是在這種規模的群體裡，單單十六個月就有三起自殺案件，使得城區計畫的自殺率大約是拉斯維加斯自殺率的五倍左右，而拉斯維加斯的自殺率原本就高居全美之首。）

在這幾起自殺案件過後，這個計畫還是一如既往地呈現快樂表象。麥特・柏曼過世不到兩週，他工作的貨櫃公園裡擠滿了來參加「向上高峰會」的人，這是一場為全世界的創業者所開設的激勵會議，他們聚集在亮得令人目盲的沙漠豔陽下，聽講者激昂地以高八度聲音說出正向思考的訊息。很多人抱怨，城區的領導者拒絕承認在這個社群的核心裡，焦慮和苦惱的程度可以嚴重到什麼地步。

在一個將快樂視為終極目標和成功標記的文化裡，想也知道，心理健康出了問題的人，可能會很難開口承認或討論自己的痛苦。一位當地居民接受《拉斯維加斯週報》記者的訪談時猜測：「是不是因為大家都這麼主動地聊起快樂有多好，說人人都在傳遞快樂，以至於覺得不快樂的人就沒辦法跟別人說出自己的問題？」

那年秋天開始，城區計畫的狀況大幅惡化。謝東尼宣布，這個計畫的行政團隊裡約三十位關鍵成員會被裁員。這個計畫的想像力指導大衛．顧爾德（David Gould）寫了一份措詞嚴厲的公開辭職信給謝東尼，並刊登在《拉斯維加斯週報》上，描述城區計畫是由「墮落、貪婪、缺乏領導所拼湊起來的東西」。城市科學部解散，不再有碰撞度量系統，狄倫．喬金森丟掉了飯碗。

第一次，整個城區計畫彷彿四分五裂。

金柏莉．諾爾（Kimberly Knoll）是個治療師，有幾個城區計畫的創業者是她的客戶，在那些自殺事件之後，金柏莉為他們做了危機諮商。

她同意跟我碰面，並提議約在高速公路旁的星巴克，一個三不管地帶。雖然我總是覺得乏味沉悶的郊區是美國城市裡最糟糕的地方，但是可以離開城區也滿好的。城區時時將音樂放得震天價響，瀰漫著刻意營造的派對氣氛，我的幽閉恐懼症都快發作了。

我到星巴克時，金柏莉已經坐在戶外的桌邊，正啜飲某種冷飲等我，渾身散發出暖意，讓我馬上想要跟她擁抱，請她當我個人永遠的治療師。

幾個星期前，當我第一次聯絡她的時候，她在電話上告訴我，她擔心我會對她的觀點做出錯誤的詮釋，讓她看起來好像把城區自殺事件怪罪在謝東尼身上那樣。「自殺這件事遠比任何其他事情都嚴重，」她當時說道，「但不是任何人的錯。」令我訝異的是，她在通話時態度小心翼翼，見面時卻立刻坦承自己對許多現代職場那種「快樂至上」的文化感到憂心。

「一家公司宣稱『我們要讓每個人都快樂』，這可能會帶來很大的傷害，也可能很危險。」我才剛坐下，她就立刻說道，「如果你覺得不快樂，就是你的錯，主張人可以完全控制自己的情緒，會讓人覺得羞愧，引發焦慮感。」

金柏莉告訴我，在一個如此看重快樂的文化裡，她的客戶幾乎常常會把不快樂或是陷入低潮，當成個人的失敗。「他們對我說：『我狀況不好，因為我覺得自己很差勁。』」她進一步說：「他們為自己的不快樂感到丟臉，覺得『我有什麼毛病？』」

她的客戶常常覺得無法向家人或同事承認自己不快樂。「他們來找我，並且說：『沒人知道我有這種感覺。』大家對外總是說：『一切都棒透了！』我聽了都會想，**真的嗎？**大家是不是只是拉不下臉？，因為我聽說有百分之九十的公司都快破產了。沒有人有辦法跟別人說自己不快樂，這是個非常寂寞的地方。」

當金柏莉說話的時候，我的心思神遊到了自己人生中的不同階段，當時我覺得自己有必要表現得比實際上還快樂。被某任男友殘酷拋棄之後，我受到很大的打擊，我決定要假裝開開心心、根本不在意，我假裝了半年，這是我想挽回他所盡的最大努力；當我還是單身時，置身於巨大的約會遊戲裡，最有效的情緒策略就是「最不在乎的人就是贏家」。在我兒子出生之後，我因為產後的疲倦和焦慮，以及恍如巨大傷口的母愛能量，整個人幾乎要解體，但只要有人問起我的心理狀態，我就非得表示自己「從沒這麼快樂過！」

有時候我們以為如果面對事情不表現出勇敢的樣子，社會就會因而停止運作，但即使在這種相對微小的層次上，保持情緒假象有時也能帶來深深的傷害。我根本無法想像，當保持快樂這件事跟我老闆的商務策略脫不了關係，或是在某種程度上能間接影響我能否保住工作，壓力該有多大。

「體驗情緒是非常寶貴的，」金柏莉說，「情緒會告訴我們一些事，我們必須和情緒共處。客戶來找我諮商，問我：『我要怎樣才能再快樂起來？』我說：『難過也沒關係。』負面情緒作用很大，它會告訴我們該怎麼生活才好。如果我們弱化負面情緒，也就會弱化正面情緒。」

在我投入研究期間，看了各種快樂速成法和自我成長花招，能夠跟認可人類思考和感受既微妙又混亂的人聊聊，讓我如釋重負。也許因為金柏莉接受人是複雜的，她的切入角度，比起我愈來愈習慣從主流快樂運動所聽到的怪罪個人的嚴厲論述，感覺更為和善、體貼，也更有同理心。我納悶金柏莉是不是找出了隱含在整個快樂競逐中的焦慮根源之一——某種體制化的情緒欺瞞，因為體驗了各種正常的人類感受而受到懲罰。

當你把自己的快樂交由老闆掌管，就會發生這種事。你獲得的不是人際連結，而是「碰撞」；不是相互支援，而是「城市科學」。社群也許是令人滿足、得到快樂的關鍵所在，可是每種互動背後都暗含了商業動機、人工製造出來的社群，這和以真誠的人類同理心滋養出來的真實有機社群，兩者並不相同。

城區計畫不久就回歸常態，他們削減了修辭的強度。我也終於和發言人說上話，問她關於公司的快樂議程近況，她說城區計畫的驅動哲學不是快樂，而是「啟動熱情」。她的語氣穩健專業，帶著戒心。早期的烏托邦語彙已經削弱。快樂變成了有毒的東西。

那天晚上，在我趕著搭機返家以前，我坐在黃金斯派克的酒吧裡，點了杯酒，我迫不及待想回家，卻又享受著再次投身母職漩渦前最後一個鐘頭的自由。

在酒吧裡，我看到對面有個三十多歲的男人，戴著氣球摺成的動物帽子獨飲。

*

我從拉斯維加斯回家幾個星期了，一個我常常會在學步兒活動巧遇的父親——布列特，邀我到他上班的地方共進午餐。打從布列特絕頂聰明的兩歲兒子史蒂芬在公園對我聳肩表示「不然呢？」並且得意地告訴我：「我把拔在臉書上班喔。」我就為這場邀約旁敲側擊好一陣子了，更給過一連串不怎麼巧妙的暗示。（每次我在電腦上用臉書隨機瀏覽某人寶寶的照片，小索問我在做什麼，我就會回答「工作」；要是那天我的防衛心特別強，就會說「重要的工作」，如果小索以為我也替臉書工作，也是情有可原的事。）

我很想看看臉書的辦公室，我有點期待這份經驗會以保母瑪麗・包萍（英國兒童文學作品）風格，咚地跳進自己的動態消息裡；整個園區會像是真人實況動態展示區，大家擺拍毫無瑕疵的度假照片，上演我們關於以色列議題或親餵母乳的憤怒辯論。而我想走訪那裡的主要原因是，「工作／生活融合」的整個文化就是在矽谷裡發揚光大的。

像臉書和Google這類科技巨頭，都以供應員工大量免費的食物、啤酒、電玩、冥想大師，並依循著一份不成文的社會契約運作：如果上班地點可以滿足員工實際生活層面、情緒、社交和心靈上的每項需求，員工就永遠不需要回家。

我及時把車停在臉書門洛公園園區的十六號大樓外頭，準備赴布列特的午餐邀約。我將車鑰匙交給停車人員，他們以完美的效率，悄悄將我的車開走。（布列特曾事先警告過我，不要給他們小費，顯然接受小費可能會害他們被開除。）

午餐時間顯然也是訪客最多的時候。公司鼓勵員工家人來公司走動，自我成長餐廳提供孩童座椅和免費冰淇淋。我面前有三、四個看起來很累的婦女，正忙著把學步兒拉到車外，孩子可能是想來看看把拔，卻反倒有種探監的感覺。

不過，一走進大樓，我才明白這是個對右翼分子處以吊刑和鞭刑的那種狂熱夢魘的監獄。謝東尼是買下一座城市，試圖把城市當成公司來經營，而這裡的感覺則像是要把一家公司變成排外的迷你城市。

我和布列特在綠葉繁茂的園區廣場漫步，路過電玩中心，舔著在免費冰淇淋店拿到的鹽味焦糖雙球冰淇淋，布列特一路上指出美容院、牙醫診所和手術室的位置。大多數的國際料理都能在餐廳吃到，而且就像瘋狂遊輪自助餐，不管在哪裡，幾乎所有的食物都是免費的。布列特爽朗地解釋：「在這裡，一切的設計宗旨都是讓你永遠不需要離開。」

他說得沒錯。當我去上廁所時，水槽旁甚至低調地放了一盆包裝好的牙刷。

營區中央是個擁有印刷廠的部門，專門用來製造激勵人心的海報，貼在四周的牆上。「將成功排在工作前面，只有在字典裡才會發生」、「如果我只對賺錢有興趣，我就會挑另一個行業」、「人生最大的冒險就是什麼也不做」。

那些海報顯然發揮了預想的效果。以完美的隱喻來形容工作過度的美國人，布列特告訴我，這個園區甚至有好幾張跑步機辦公桌，可以讓員工朝著永無盡頭的終點奔跑，讓打字的動作永遠不停下。

在自助餐廳吃了一碗意外可口的培根起司堡湯以後，布列特帶著我散步經過馬克・祖克柏（Mark Zuckerberg）和雪柔・桑德伯格（Sheryl Sandberg）的玻璃牆巨型辦公室，他要我別做出奇怪的舉動，要我別拍照。為了不要有奇怪的舉動，我顯然表現得更古怪，像個變態似的，並朝窗戶偷偷瞥幾眼。馬克的辦公室就像診所，雪柔的辦公室比較有家的味道，不過依然有條不紊，牆壁上裝飾著雪柔著作《挺身而進》（*Lean In*）客製化的粉紅海報。

上週新聞才報導過，臉書打算替女性員工出錢凍卵，延後生育時間。奇怪的是，這裡的女性員工似乎不多。我看到穿越營區的女性都掛著亮橙色的訪客證帶，就像我脖子上的這條。也許女性全體員工都到後頭什麼地方忙著凍卵去了。我想像她們排成一排，全都頂著閃亮的桑德伯格髮型，挺身而進，卵子放在冰庫裡整齊地貼著標籤，就放在鹽味焦糖冰淇淋旁邊，而她們適合懷胎受孕的時光正漸漸流逝。

「我超愛一週工作九十個小時！」原始的蘋果工程團隊穿的棉T上宣稱。臉書程式設計師依然偶爾會在辦公室通宵工作，訂晚餐進來，等陽光照亮桌上的迷你足球台，再訂早餐過來。著迷於編寫程式的二十歲軟體工程師，沒有家累或伴侶關係，不會為了個人衛生而回家一趟，而這樣的矽谷願景正悄悄蔓延到美國企業界。通常，他們會刪掉免費冰淇淋這個選項，只留下人人都應該不停工作的想法。

依照國際勞工組織的一份報告，美國員工的工時比工業化世界的任何人都長，天數更多、假期更少。[4]這項報告指出，美國勞工每年平均工時比日本勞工還要多上**兩個星期**，而日本文化可不是以懶散習性出名的。在法律上並未規定員工年休天數的已開發國家裡，美國名列其一，雖然也不是有了規定就會有多大差別。在重視為了公司需求而全心投入自我的文化裡，不少美國勞工甚至捨棄休假。有個研究顯示，二〇一三年，員工自願放棄價值超過五百二十億美金的有薪假。5

有些專家駁斥美國工時的數據，引用政府的統計數字，表示過去幾十年來工時沒有多少變動，然而這是平均起來的結果，掩蓋了兩個相反的潮流：白領受薪員工的工作時程愈來愈嚴苛，而非自願的低薪打工派遣人員，忙著拼湊出足以支付帳單的工作時數，因為雇主不願花錢支付全職員工所應有的福利。

對很多受薪階級來說，契約明訂的工時比較像是參考用的，而不是上班時間長度的指示。晚上和週末加班不再是因應危機的特例，而是各行各業對員工的固定期待。一個世代以前，一般的辦公室員工晚上大多來得及跟家人吃晚餐，現在這常常被當成是慷慨且罕見的例外。

有個朋友在臉書上貼文，說因為到別的城市開工作會議，錯過兒子的週歲生日。另一個當律師的友人告訴我，她七點下班回家送女兒上床，然後熬夜回覆電子郵件、打完報告，她的公司把這種排班模式稱為「彈性工時」。起初，我以為這類型的工時一定很罕見，結果我又碰到另外三個人描述了同樣的工作時程。我問其中一人從事哪一行，以為一定是什麼極度緊急、時間性很強的工作。她告訴我，她是中世紀歷史學家。

美國人為何在社交以及跟人產生連結的時間那麼少？他們一天只花四分鐘「主持和參加社交活動」，一天只有三十六分鐘和他們生活中的人「社交和溝通」，原因就是——他們花太多時間工作。

不只捷步，美國各地的公司都急著想要擁抱「工作／生活融合」，拋開「工作／生活平衡」這個為員工守住自由時間的煩人想法，轉而支持聽起來順耳的口號，確保員工任憑公司支配，永遠沒有下班的時間。

近來關注員工快樂的潮流，就是這個趨勢的一部分：工作、休閒和自我之間的界線幾乎完全模糊了。一天當中，沒有一個鐘頭，個人情緒、心靈問題或私密想法不被當成雇主的事業或財產。

諷刺的是，雇主將焦點過度放在我們的快樂條件上，急著想擁有我們的情緒和自由時間，其實反倒成了我們獲得真正幸福的最大障礙。雇主向我們索求那麼多的時間和情緒能量，以致當我們面對親密關係、家人和工作之外的社群時，時間和情緒能量已經所剩無幾。

英國記者奧利佛・柏肯曼（Oliver Burkeman）在《紐約時報》寫了篇表面暴躁、實則幽默的文章，談到正在蔓延的企業「快樂工程」潮流，例如捷步。勞工讀者在下面的回應區大吐苦水，他們覺得這種強制員工投入快樂工程的公司，危險地侵蝕到他們真正的休閒時間，以及私人與家庭生活。

「我不希望上班的時候有『趣味』活動來讓我分神，也不希望固定合作的同事分心，」有人這樣評論道，「那樣會害我花更多時間上班，減少我在工作外享受樂趣的時間……同事並不是朋友，在公司的午餐會和派對等活動上，被迫跟他們社交，對我來說是個負擔，奪走了我的時間，讓我無法投入自己更想做的事情。」

「公司裡有自詡為快樂工程師的主管時，可能會希望員工在工作上投入更多不合理的時間，」另一個人評論道，「解決方案很簡單：僱用更多員工，讓大家有合理的工作時數。相信我，遠離工作的額外時間，員工會找到很多有趣的事情來做，不用雇主替他們把工作變得『有趣』。」

另一個苦惱的讀者寫出更簡單的方法，可以解決員工不快樂的問題：「如果公司想要開始讓員工快樂，也許應該把焦點放在工作／生活的平衡、更好的福利、更長的產假／陪產假、更好的退休方案，而不是用電影海報、動物氣球和小丑來粉飾一切。」

相較之下，職場快樂產業就表明了自己背後的動機並非全然利他。正向心理學教授和快樂專家克里斯．彼得森（Chris Peterson）在二〇〇八年對《克里夫蘭公正報》承認：「務實的企業文化想知道如何讓愈少的員工做愈多工作，他們逐漸明白，如果員工很快樂，就會工作得更賣力、更有生產力，所以他們要帶頭衝。」6 同時，公司用在員工身上的快樂修辭，和現代美國企業裡應付灰暗現實的員工，這兩者之間的隔閡愈來愈大。

不管他們接受過多少快樂訓練，現實是，打從二次世界大戰以來，美國勞工的處境比以往更糟糕。企業利潤飆升，員工薪資卻停滯不漲，大量的全職勞工生活在貧窮線以下，仰賴政府的濟助才能勉強過活。

儘管員工「培力」的話題備受關注，勞工卻失去了過去曾經擁有的真正的協商力量。工會會員資格能帶來更高薪資和更好的勞動條件，這些推動快樂的雇主卻往往想方設法加以阻撓。（倘若公司真的對自己員工是否快樂有興趣，可以做到的最大善意也許就是鼓勵他們籌組工會。大規模的研究顯示，擁有工會資格是快樂的重大指標，不論收入高低。依據工會成員的回報，他們所自認的幸福程度，遠遠超過沒有工會的同儕。）7

確實，最強調快樂和培力的公司裡，有不少在照顧員工上常常有最差勁的紀錄。美國銀行針對客服員工架設高科技快樂監測器，公司在薪資和工時上卻違反多重規定，包括未支付加班費、未提供適當的休息時間等，全美各地的員工發起大規模的集體訴訟，最後銀行以七千三百萬美金達成和解。[8]

美國國家勞動關係委員會發現，咖啡巨頭星巴克——我在智慧2.0正念會議上聽了星巴克以「啟動星巴克價值：當下的啟發和滋養豐富人們的心靈」為名的演講——「發動了反工會遊說活動，目標是追蹤和抑制工會活動的成長，而且在這期間實施了幾項有限制性與違法的政策」。[9]

同時，加強心靈活動的ＩＢＭ公司和推動正向思考的塔可鐘連鎖快餐店（Taco Bell，此公司將低薪的員工形容成「冠軍」）。兩家公司都因為沒有支付員工適當的加班費而捲入集體訴訟。[10]

有如另一家大型企業的某個員工接受作家克里斯·海吉（Chris Hedges）訪談時表示：「在我的公司，正向心理學就是『瞞騙』的代名詞。他們想要瞞騙自己的員工，讓他們忘記自己一人承擔三人份的工作、沒有健康保險，薪水有四分之三都用來付房租。」

把焦點放在比較不主觀的東西上，比方權利和法律保障，而不是快樂上，或許會比較好。因為如果你真心希望員工快樂，答案很簡單：給他們合理的薪資，提供他們好的福利和足夠的年休，而且最重要的是，放他們回家。

眾多美國中產階級的瘋狂工時已經對家庭生活造成了意外的影響。壓力龐大的勞工終於可以回家時，和孩子有限的相處時間為親職工作增添了張力。這種升高的親職熱忱是我在當地交到更多朋友時注意到的狀況。

近來我的生活愈來愈順利。有個家庭剛剛搬進我們樓下，那家人的女兒和小索同齡，我和那個媽媽立刻變成了朋友，我們要不是在我家，要不就是在她家，在滿出來的洗衣籃之間，一起度過照顧學步兒的漫長午後，除了她的公寓比較多粉紅色以外，我們兩家公寓沒有什麼兩樣。

我開始尋找共享保母的服務時，又認識了梅根，在學步兒健身館裡認識了賴，接著又認識了幾個人。我的生活有了大幅改善。我發現，研究結果沒錯：有朋友可以分享日常經驗，對我的快樂帶來極大的影響。

可是愈深入加州中產階級的親職圈，我就愈是注意到一些奇怪的行為。

註

❿ 「歐威爾式」是英國左翼作家喬治・歐威爾筆下「破壞自由開放社會的社會福祉的做法」，指專制政權藉由嚴厲執行政治宣傳、監視、故意提供虛假資料、否認事實和操縱歷史的政策來控制人民的思想。日立電子公司讓員工佩帶「快樂測量器」進行情緒監控，試圖掌控員工的靈魂，與極權統治可謂是殊途同歸。

⓫ 曼森家族（Manson Family）指由查爾斯・曼森（Charles Manson）為首的犯罪集團。曼森是美國罪犯、前音樂人和邪教領袖，一九六〇年代末在美國加州領導犯罪集團曼森家族。曼森與跟隨者被控犯下了九起連續殺人案。

第五章

當孩子只剩下快樂

「我卡住了，非常需要妳的建議。」在朋友妮可家「遊戲聚會」時，她跟我訴苦。這種讓各家小孩在一起玩的聚會叫做「遊戲聚會」，在倫敦，這種活動的賣點是「來喝杯咖啡，甭理小孩了」，孩子們吃了有機無花果，精神亢奮，繞著圈子瘋狂奔跑、一面尖叫，這種失控的情況在加州被稱為「自我主導遊戲」。

妮可說的話讓我豎起耳朵，其實我熱愛「卡住」的狀態，而且妮可的語氣聽起來跟我和朋友們在結婚生子以前的約會時光很像。當時我們的生活總是充滿「卡住」，偶爾會浪費一整晚討論某人男友傳來的一則三個字簡訊——他說「晚點見」是什麼**意思**？是要**有多**晚？要用哪種方式見？（過一陣子之後，我們再也不稱那些東西為「簡訊」，而開始改稱為「內心戲」。）比方說：「噢，天哪，奈爾寫說『我還在火車上』，可是他內心戲根本是『我要跟妳分手』。」

「怎麼了？」回過神，我問妮可。

「我想，我女兒被別的女人餵母乳了。」

我必須說，即使是在加州，這種事情也太詭異了。妮可把女兒摩根留在另一位媽媽那裡，自己跑去辦點雜事，回來時卻發現對方正把她的孕哺衣扣上，還說著摩根吸奶的方式和她自己兒子很不一樣。我完全無法理解這件事，摩根都兩歲半了，以英國人的標準來說，這個年紀連讓生母餵母奶都有點奇怪了，雖然我愈來愈習慣這裡的這類作風，可是親餵別人的孩子母乳？如果對象是個困在暴風雪裡、嗷嗷待哺的新生兒，也許還說得過去，但摩根已經會到處跑來跑去，況且她媽媽只是去銀行辦點事情？我望向摩根，她綁著馬尾、踩著粉紅涼鞋，萌翻了。

這傢伙偷吃！我看著她，默默想著。

雖然整件事聽起來像是《欲望城市》編劇和兒童托育中心的不智合作，但在加州新手媽媽圈混過一點時間之後，我已經不會覺得意外了。妮可的朋友極度擁護這種「依附教養法」（Attachment Parenting）[12]，在英國我幾乎沒注意過這件事，但在美國卻是相當主流的概念。

主張依附教養的家長延伸了「依附／依戀」這個字的寬鬆譬喻，就像「我好依戀我的新廚房攪拌器」VS.「孩子跟照顧者間有良好的依附關係很重要」；而更令人難解的是，就像是一群養育孩子的神創論者（Creationis）[13]，這些主張依附的家長認為，依附的意義完全依循字面意義解釋，如果孩子要長成快樂又有安全感的大人，在他們生命的頭幾年，要盡可能在肢體上和父母綁在一起（所謂的「父母」指的其實是「媽媽」）。要嚴格遵守這種教條，簡直是場耐力賽。美國父母無所不用其極地追求自己孩子的快樂（在上述哺乳的案例裡，甚至還包含其他孩子的快樂），這些只是其中典型的表現！

依附教養的教義告誡我們，如果孩子在嬰兒時期過度哭泣，可能會造成長期的情緒損害，家長有責任避免讓這種情況發生。結果，我們這個社區的公園裡滿是一臉疲憊的女性，和十五公斤的學步兒綁在一起，就像被席爾斯醫師⓮用鐵鍊拴在一起的可憐囚犯。這就是所謂的「寶寶上身」（babywearing），這個詞聽起來好像會是反皮草人士在米蘭時裝週的下一個抗議目標，但其實只是一種充滿政治涵義的象徵，就是用揹巾隨身帶著寶寶，永遠別把他放下來。

依附教養家長會避開便利育嬰用品，像是嬰兒車、奶瓶、嬰兒床等等，而偏好「一起睡」（以我的經驗來說，更像是一起蠕動和一起失眠的綜合體）；以及親餵母奶，媽媽在人道上能承受多少年，就餵多少年（在歐洲一般為時幾個月）。有個媽媽在名為「依附教養如何差點害死我」的部落格貼文裡，總結了這場磨難：

> 讀者，我辦到了！我的寶寶不常哭，哭也不會哭太久。可是我卻一直在哭。等她六個月大時，我整個人都毀了。我比懷孕前還少四點五公斤，頭髮掉個不停，背部和關節因為整天揹她而酸痛。1

針對這樁「二奶醜聞」，我給妮可的建議來自我深入骨髓的英國血緣：不管妳做什麼，都不要跟人當面對質；以後在那位朋友身邊彆扭也沒關係，然後背著她繼續找別的朋友討論（或討拍）。只是這麼一來，妮可或許永遠都不會找出那天事件的真相。

主張依附教養的人危言聳聽地聲稱，如果孩子哭了，妳不親餵母乳，可能會讓他們在情緒上有所損傷。但這個說法幾乎沒有任何證據可以證明，甚至也無法證明這種教養方法有何優勢。宣揚這種方法的人借用毫無新意的研究，表示嚴重受到忽略的兒童會有情緒上的問題，然後延伸出嚴重性。不過，當卡在這類基本教義派的高風險邏輯裡，妮可那位朋友的行動就變得稍微說得通。當受到威脅的是朋友孩子終生的快樂，把自己的奶塞進那孩子的嘴裡，也只是基本的待客之道；而最好的成就則是可以英勇地拯救她心碎一生。

也許因為處於現代教養的高壓狀態，美國人對個人快樂的執迷已臻至最高峰。美國寶寶一出生，如果有人問父母對自家小小後代的未來有什麼期許，他們顯然就得承擔某種不成文的契約責任，一概以「我不在乎，只要他快樂就好」，來回答所有的提問（我心裡OS，應該要偷偷加上「念哈佛」吧，但這絕對不能說）。

這不只是全球父母共同追求的模糊目標，更是一個時時刻刻不可鬆懈的計畫。美國人將自己的快樂視為可以透過苦幹實幹而達到的狀態，同樣地，他們似乎相信，家長有潛力和責任，使勁「打造」快樂到無懈可擊的孩子。而代替孩子尋求快樂，執行起來也就變得格外激烈。

雖然很不想承認，但我也有這個傾向。我的兒子是我人生憤世嫉俗盔甲上的一道裂縫。說起追求自我快樂，也許我可以對這種快樂競逐抱持懷疑態度，路過機場書店的勵志書區時，頭也不回、步履輕快地直接走向登機門。我可以不理會正念、培力、自我成長，對我的內在小孩漠不關心，但如果說到我現實生活中真正的小孩，這種表面功夫就會瓦解。

在我心靈深處，我很害怕如果我沒能將小索每個微小的快樂最大化，他會長成一個不快樂的人。他未來的回憶錄裡，會記下媽媽過去不曾好好稱讚他做的復活節棉花兔子，而這本回憶錄會擺在書店裡的「厭世區」，旁邊擺著「霸凌和受虐」的書。

因此，我對小索是否快樂，不只是生活的調味料，而更像是必需品。我就是沒辦法放鬆、讓事情順其自然。急切感和完美主義會悄悄滲入我的腦袋，我被逼著代替他瘋狂地追逐快樂。

我是朋友圈裡最晚生孩子的，接近三十五歲。我在十多年間經歷了多次約會與過度分析，在害怕永遠生不出孩子，和到底要不要生孩子這兩種難以抗拒又完全相反的恐懼之間拉扯，我在約會網站上認識了後來成為我先生的男人。

撐過了讓家人蒙羞的前幾個月，我媽準備了上身是馬甲的結婚禮服，將有孕在身的我束緊，緊到我擔心肚子裡的孩子生下來後可能會在臉上嵌著禮服的水晶。我的結婚照不怎麼養眼，我不是漂亮的孕婦，也沒穿高腰低胸的孕婦禮服，臉上更沒有散發健康的光澤。我是那種看起來很礙眼的孕婦，皮膚蒙著一層黏滑的粉刺，身形發胖，雖然看起來不像懷孕。我在這種情況下找到伴侶，並且在人生這麼晚的時候懷了他的寶寶，這點讓我相當興奮，可是老實說，我婚禮那天的亮點卻是：這十年來，當整個大家族同聚一堂時，第一次沒有人問我到底要不要結婚。

結婚四個月後，在一陣快如閃電的匆匆分娩之後，我還來不及擁抱自己的內在女神或鎮定藥物（我當時還沒完全決定好要用哪一種），索羅門就出生了。他身上沒嵌水晶，且警醒得很，更完美得令人震撼。當他盯著我的臉時，我人生的遊戲規則就徹底且永遠地改變了。

對我來說，生產就像從車禍創傷後走出來，發現自己莫名瘋狂地愛上了俄羅斯總統普丁——嬰兒是小小的獨裁者，盲目地自我中心，吞併他人生活和空間的權力欲超強。我對他滿懷愛慕之情，完全超乎我能控制。讓小索快樂成為驅策我的首要任務，倘若和我自己的生活優先順序有所衝突，反倒更好，那肯定表示我在親職工作上非常投入。

經過這麼多的積累、這麼多年的紙上談兵，我自認可以通過母職面臨的所有挑戰，我為小索追求的是某種至高的快樂。我要的不只是普通的滿足感，我希望他充滿幸福狂喜、快樂得飛上天。

我的願望，卻讓他吃更多苦。

我瞬間染上了中產階級親職診斷手冊上的每項病徵：新手父母專屬的罪惡感、自以為是以及扯自己後腿的自我懷疑。我窮盡一己之力，追求他生活各個層面的最佳化，我講究咬字清晰到了極古怪的地步，我一輩子都不知道自己能夠發出這麼甜膩的嗓音——介於戰時ＢＢＣ播報員和英國女星茱莉．安德魯斯（Julie Andrews）的口音之間。不管我們做什麼事情，我都對著他不停叨念著乏味的瑣碎細節，他往往會將那張初生的小臉扭曲成小小的痛苦面具，大概是希望發揮念力告訴我：**老天，求求妳快閉嘴**。

如果我把他塞進嬰兒搖椅，然後花五分鐘逛逛臉書，接下來的四十五分鐘裡，我就會在Google上查詢「羅馬尼亞孤兒被照護者忽略的情緒影響」，然後以鷹眼仔細搜索他行為裡的異常徵兆，使得問題雪上加霜。簡單來說，我把自己（肯定還有我周圍的每個人）徹底逼瘋了。

我們還住在英國時，我總覺得自己反主流而行。我試著低調處理我的親職工作，盡可能隱藏我過度干涉和保護孩子的傾向。在英國父母間，主要的文化調性是某種譏諷式的「跟人比爛」。雖然中產階級也可能過度教養，卻不會承認，反而會吹噓自己對孩子的「良性忽略」。比方說，Mumsnet.com媽咪論壇網站裡滿是「告訴我，你們犯過最糟的教養失誤，讓我好過一點」這類討論，父母們急忙上傳懺悔自己如何不小心讓孩子吃尿布、不小心把孩子留在酒吧裡，或是忘了把孩子從幼稚園接回家。（某個女人的說法則是，她記得要去接孩子，可是滿懷母愛的她，卻衝進去抱了別人的孩子，她還辯解：「我得替自己說幾句話，這些孩子看起來真的滿像的。」）

可是，當我們住在美國西岸後，卻愈來愈清楚，我那種不管孩子喜不喜歡、只想強行將孩子帶往快樂之路——稍微讓人耗弱，幾乎反生產力——的欲望其實相當正常，甚至很溫和。在加州，孩子的快樂是一切，而我在英國不好意思承認的誇張行為，在這裡可是榮耀的勛章呢，系統化地成為複雜而包羅萬象的兒童照顧哲學。

當我們終於決定替小索找幼稚園時，「以孩子的快樂為使命」更凸顯了。在這裡，除了低收入族群，政府並不資助孩子上幼稚園前的教育，所以加州的幼稚園不但氣氛高度緊繃也非常昂貴。幼稚園的選擇琳瑯滿目，全都聲稱可以為孩子們帶來終生的快樂。（顯然那種所謂的快樂不「好玩」，像是有個幼稚園網站嚴厲告誡道：「我們非常不鼓勵生日派對和假期派對，園區裡也嚴格禁止含有精緻糖分的食物」。）

我們家適合蒙特梭利（Montessori）或是高大宜教育法（Kodály）？還是雙語教學？我們接不接受「進步主義」（the Progressive model of education）教育模式，讓孩子在其中可以透過社會化的要求，進行最有效的學習？我們把華德福（Waldorf）從清單上剔除，因為他們在教室裡到處放著看了令人發毛的無臉娃娃，顯然他們認為，臉孔會限制孩子的想像力，可是我可以接受娃娃有臉啊。

想到要離開小索，我就超緊張，可是我們因緣際會找到一所由四位和善盡心、想法正向的女士聯合經營的小幼稚園，平息了我的恐懼。當我無意間聽到有位家長詢問園長一個在我心頭揮之不去的疑問——她怎麼有辦法時時保持好心情，不管周遭發生什麼事，甚至一天當中不管什麼時間都能跟她聯繫？園長回答：「整天都跟學步兒一起活動，心情怎麼可能會不好呢？」對大多數人來說，這番陳述聽起來既是問題也是回答——此時我就知道園方會照我所希望的，持續給我兒子特別的關注。我們當場就申請入學了。

這裡的課程很不可思議，孩子學種百香果、演影子傀儡戲、彈奏烏克麗麗，以及用晒乾的斑豆和舊門把組合成富有想像力的作品。他們當然也會上瑜珈和冥想課。小索上了幾個星期的課之後，回到家得意地表演瑜珈下犬式，而在學校臉書專頁上更貼了一段影片，有他和另外十一位極樂無憂的學步兒，盤腿圍坐成圈，虔誠地誦念「嗡——」，老師則在一旁輕敲木琴。在加州，尋找快樂可以起步得很早。

而當園方通知我們到校舉行家長會議，討論小索的第一份成績單時，我注意到這所學校有種奇怪的潛在運作趨勢：任何類型的負面思想和行為都會遭到禁止。

我和奈爾以及老師們坐在兒童桌椅旁，他們肅穆地將成績單遞給我們。雖然我大腦理性的部分告訴我，兩歲小孩有成績單是件荒唐的事，可是我對自己的想法不夠有信心，不禁在意起小索成績單的內容。他是不是表現得不好？我堅信他在生活的所有領域裡是徹徹底底地完美，這份磐石般的信念是不是就要因為真實世界的惡意介入而粉碎？

其實我無須擔心。當我匆匆瞥過成績單，想尋找一絲絲壞消息時，才意識到沒有任何壞消息。他顯然樣樣精通，我狐疑地看著標明「大肌肉運動技能」的那一欄，他的得分在最高範圍裡，儘管他完全爬不上操場那個小小的攀爬架。「你們不覺得他有點笨手笨腳嗎？」我小心翼翼地問。

老師們一臉驚恐地瞪著我。

「我們不喜歡那種說法。」看得出來這位老師很努力忍住不要罵我「怪物媽媽」，她說，「我們比較喜歡說『朝著較低層級的自我導向』。」

接下來幾個月，我愈來愈常注意到教職人員之間對於任何可能勉強扯上負面的一切，抱持著奇特的嫌惡態度。

比如，教室裡很少使用「不」這個字，使得管教變得迂迴扭曲。有天我去接小索放學，看到一個孩子用木槌敲同學的腦袋。老師充滿同情地轉向那個揮舞木槌的小鬼，問他：「天哪，你對安全地使用自己的身體有困難嗎？」

我就像是在參觀一個超越我個人價值系統的平行宇宙，我的孩子在那裡對一切都很拿手，沒有任何不好的地方。在這個宏偉的表演場地裡，他不會犯錯，要是不小心有了違規行為，也可以快速地使用一劑道德相對論，再巧妙地重新建構。整個經驗給我一種飄飄欲仙、但暗藏陷阱的美妙感覺。

這種情形不限於幼稚園。我們在美國生活愈久，我就愈注意到這裡在文化上對於孩子體驗負面情緒，有種根深蒂固的不安。大人需要時時介入、阻止或重新建構孩子的負面情緒。

當小索全面進入學步兒鬧脾氣的階段時，我常常感到無能為力（他的代表作包括：他鬧脾氣的規模簡直像核反應爐爐心熔毀，他明明已經在吃香蕉，還大吵大鬧說自己超級想吃香蕉）。我時時留意其他父母如何應付同樣的問題。

在英國，對於應付學步兒鬧脾氣，一般的做法就是不予理會、不去注意他的行為。我姊姊曾經告訴我，當她的孩子鬧脾氣時，她其實還滿享受的，這給她一個正式獲得認可的喘息時間，只有在這個時候，戴上耳機、滑滑臉書，可以突然成為高效能的教養手段。

這種方式在加州行不通。有天早上，在遊樂場，我注意到有個跟小索年齡相仿的孩子，當他媽媽告訴他該回家吃中飯時，他用拳頭猛搥東西，放聲尖叫。他媽媽並不是不理睬他，也不是把他像衝浪板那樣夾在腋下強行帶走（這是我對付小索的固定手段），她焦慮地向兒子懇求：「告訴我，要怎麼協助你度過這件事！」

其他父母嘗試針對鬧脾氣的孩子進行同步翻譯，實況評論他們的情緒。孩子：**「哇啊啊啊！！！我不要！！」**父母：「我明白你覺得很挫折。」孩子：**「不要不要不要！我討厭你！」**父母：「現在你覺得很生氣。」我不知道該怎麼看待這種互動模式。

在這裡，很難得會聽到有人對孩子厲聲說「不」或「馬上給我停下」。如果有兩個孩子爭搶一個玩具，家長不會告訴他們：「停，要不然誰也別想拿到玩具。」

而是會上演更迂迴的場面，我後來就把這種場面想成是「與加州學步兒的和平協商談判」。

事件：白天，加州一處遊樂場上，兩個學步兒正在爭搶玩具垃圾車

學步兒A：我——的——！

學步兒B：才不是，是我——的！！！（用垃圾車的傾倒功能，將公園的泥沙淋在對手身上）

（家長A和家長B趕緊駕著各自的直升機緊急降落，開始進行協商。）

家長A（用高效能的教養語氣，對自己的孩子說）：你能不能告訴我們，這個情況哪裡對你行不通？

學步兒A：我要這個！！！！！！！！哇啊啊啊啊！！！！！！

家長A（以退為進的說話方式，針對的是對方家長而不是自家孩子）：你希望卡森別再從你這裡搶走垃圾車，因為**顯然**是你先拿到的嗎？

家長B（擺明了對著自家孩子說話，但同時對著另一方家長拋出令人發寒的「你孩子以後上高中會拿槍血洗學校」的表情）：或者，卡森，你會不高興也是**情有可原**，因為威特總是以為自己有權拿到最好的玩具？

（家長繼續搬演心理劇的分支劇情，而孩子們卻已經對垃圾車失去興趣，趁大人分神的時候，享受「讓對方在翻天覆地的自然災難中滅頂」的遊戲。）

我對於這種溝通技巧非常好奇，問了幾個人這背後的理論。我常在遊樂場裡遇到的地方媽媽莎拉解釋說，談判時把孩子當成平起平坐的夥伴，可以幫助孩子建立自尊心。就她的看法，斷然說「不」，可能會造成傷害，打擊孩子的自信，讓他們沒辦法自己想出解決問題的辦法。她很有說服力，聽起來挺有道理的，畢竟，自尊心愈高肯定是愈好的吧？

可是一陣子之後，我的幻想破滅了。我偶爾會在小索身上嘗試這個技巧，也會在遊樂場和學步兒團體裡看到很多類似的場景，可是我從來不曾見過有學步兒自己想出經過思考的和平協商解答。當事情到了一種失控的地步，每次我只要聽到文法扭曲的句子，像是：「你能不能告訴我們，這個情況哪裡對你來說行不通？」我就想放聲尖叫：「哪裡？全部！」然後抓起我的小孩拔腿就逃。

也許這是因為，表面上看來，這個方法的重點在幫助孩子自行找到解決問題的方法，但實際上幾乎是完全相反。家長看起來像是置身事外，冒著讓孩子被扯點頭髮和傷感情的風險，期待孩子自己想通，實際上卻又覺得自己有必要動手處理，**採取行動**介入與處理。這感覺有點像是替最差勁的那種老闆工作，在不給任何指導下進行微觀管理，不管任何問題，他心裡老早有個正確答案，卻不直接告訴你，他希望你怎麼做，反而列出一連串乏味的心理測驗，看看你能不能自己導出那個答案。

針對美國父母變得愈來愈過度保護孩子，近年來有不少論述，不過對於他們的心理安全，我比較少聽到這種流連不去、緊張兮兮的處理方法。由依附教養所傳播的那種危言聳聽的信念系統，說嬰兒時期哭泣可能會導致長期的損害，顯然為美國文化普遍對兒童基本情緒脆弱的恐懼定調。

這種狀況不只發生在加州。我在逛臉書時，注意到威斯康辛州的朋友安娜的貼文，她是個很優秀又盡心的媽媽，全職照顧小女兒莉莉，經常製作美麗的勞作，和帶孩子去逛動物園，她總是讓我覺得自己差人一截。某天我卻發現，連她也會覺得很愧疚？她寫道：

今天我學到了寶貴的一課。莉莉想玩，但我必須打掃家裡。我說「等一下」，可是她哭了，我領悟到我給她的訊息是，我認為打掃比她更重要。我永遠不會再這麼做了。從現在起，我永遠不會再讓她等待，永遠會把她擺在最前面，不管發生任何事。

我對這則貼文的立即反應是，就算等個幾分鐘，讓媽媽從洗碗機裡把洗好的東西拿出來，對莉莉肯定不會造成任何傷害，也許還能有效阻止莉莉以後成為令人難以忍受的成年人。可是結果發現，和我有同樣想法的人實屬少數。

安娜有好幾個朋友都加入了這個討論串，留言說，別擔心，只要及時發現自己的錯誤就好，像這樣的一次失誤可能不會對女兒造成長遠的傷害，不過她的想法絕對正確。

安娜可能內化了熱門的網路貼文：「好媽媽家裡的地板黏答答、廚房亂糟糟、待洗衣物堆高高、爐台髒兮兮，孩子樂呵呵」。這種貼文有各種版本，四處出沒，像是Pinterest釘圖網站的爆紅圖檔、冰箱磁鐵和Etsy-shop設計網站的小抱枕和壁貼上。我試著分析這種看似無害，甚至慷慨大度的訊息。

以甜蜜的語調表達對放鬆的寬恕，背後卻藏著難以企及的期望，而這番陳述有害地遮掩了這些期望，讓我想到年長親友以前突然跑來我家拜訪時，總要我放心，叫我不用擔心，只要能夠張羅出「簡單的自助餐」就夠了。那些貼文暗示著，如果媽媽稍微暫停她的密集教養快樂計畫，去處理衣物（更不要說去做足部保養或灌一小杯威士忌），她就會破壞孩子一生的快樂。單是想到這點，我的愧疚感就會不停加重，把我搾乾。

如同應付英國女王——有傳聞說，她成長期間曾經相信全世界聞起來都有新鮮油漆的味道——美國父母的角色變成走在孩子前面，將可能存在的負面事件，搶先加以消毒、重置和移除，而不是讓孩子體驗人生正常的起起落落，再協助他們面對後果。

孩子必須發展韌性以面對人生挑戰，但這種教養方式對孩子發展韌性的能力帶來衝擊；針對上述論點以及這種教養風格本身，專門輔導年紀較大的孩子和青少年的治療師表示憂心。加州大學洛杉磯分校的精神病學家保羅．波恩（Paul Bohn）告訴《大西洋》雜誌，他相信美國父母幾乎無所不用其極，避免孩子體驗不愉快的情緒，哪怕是溫和的不快，像是不自在、焦慮或失望。他們長大以後來到他的診所，發現自己幾乎應付不了棘手的處境。他們經歷生活的挫折就無力應付，覺得一定有哪裡出了嚴重差錯。[2]

兒童心理學家和哈佛講師丹・金德倫（Dan Kindlon）也有同感，在他的書《其實我們給得太多》（*Too Much of a Good Thing: Raising Children of Character in an Indulgent Age*）裡寫道：「如果孩子沒辦法體驗痛苦的感受，就發展不出『心理免疫能力』。就像我們身體免疫系統運作的方式，你必須接觸病原，要不然身體不會懂得回應攻擊。孩子也需要接觸到不自在、失敗和掙扎。」

可是，驅動美國式教養如此狂熱的是什麼？我愈來愈發現，也許部分是因為這裡的生活對幼童來說，被社會隔離的程度高得令人吃驚。

在美國，除了給少數低收入族群的補助，政府對於學前兒童的社會資源幾乎都不予資助。而在英國，當小索還是寶寶時，我們每個星期都會在當地的兒童中心消磨時光，像是參加寶寶團體、學步兒短期照顧和「留下來玩一玩」的活動，這些活動不是免費，就是有官方補助而價格低廉。在英國，三歲起的孩子，每週十五個小時的幼稚園是免費的。在美國，上幼稚園的費用每個月有時超過一千美金。儘管英國因為階級壁壘分明而惡名昭彰，可是不論收入高低的家庭都能使用同樣的服務，上同樣的幼稚園，參加同樣的音樂團體，一樣聽著八〇年代樂團的落魄成員彈奏〈公車輪子轉啊轉〉（*The Wheels On the Bus*）有氣無力的抒情搖滾版本。

可是在美國，除了當地圖書館的二十分鐘說故事時間，以及在衛理公會教堂上不怎麼吸引人的「兒童培靈課程」，對幼童來說，有組織的活動很少是不用花錢的，而且往往要價不斐。學步兒課程一堂的起價大約是十五到二十美金，通常一口氣最少得報名十堂。如此昂貴的課程，社會融合的程度自然極為有限。如果我們住在美國這段期間，小索不曾和那些沒有大學學歷父母的孩子玩在一起過，我也不會覺得訝異。

在這個強烈且特殊的特權環境，置身於社會舒適圈裡，中產階級的兒童教養觀念，起初可能只是有點實用的教養技巧，後來經過層層精餾和沸煮，變成超濃縮強效，就像還原紅酒醋。家長彼此刺激，墜入了焦慮和愧疚的瘋狂狀態。

同時，政府並未提供孩童照顧的服務或協助，自由市場挺身介入，提供各種更加複雜、昂貴的兒童教養理論、書籍、課程和網站。至今，在美國西岸養育孩子顯然需要有一套指導哲學，一套值得拿來引用、主導孩子短期和長期快樂程度的整體規畫。

書店的教養書區範圍廣大、數量繁多。除了依附教養，還有自然教養（Natural

Parenting）、正向管教（Positive Discipline）、正念教養（Mindful Parenting）、育養教育法（educaring）[15]等等。甚至還有帶點《發條橘子》（*A Clockwork Orange*）電影怪異風格的「放養」類型。這些只不過是其中幾種類型罷了。

一位住西雅圖的朋友告訴我，她社區有個以數百萬美金打造的「愛與邏輯」的教養忠告王國，超受歡迎，包括忠告書籍、課程、網路研討會、會議和遊戲團體。我查了之後發現「愛與邏輯」幼兒期的基本套裝課程教材，包括一本書和CD，用來幫助孩子在關鍵的早期幾年建立自尊心，目前特價六十五點九五美金，而面對面的愛與邏輯教養課程則只要三百九十五美金。（多花三百二十九點零五美金所換得的自尊心可能會翻轉人生呢！父母肯定買單啊！）

有些家長秉持原則，拒絕接受「有品牌的」教養理論，不畏風險自行擬定一套方法。可是有時候重整自己接收過的教養智慧，結果不見得比原來那套更好。

有一次，我們去參加一個學步兒遊戲團體，在某個令人屏息、可愛無比的時刻，一個兩歲大的男孩把手上正在玩的消防車遞給一個小女孩，讓她有機會也玩一玩。所有的家長都倒抽一口氣，彷彿一群賞鳥人士瞥見稀有珍禽而驚嘆不已，這時男孩的媽媽突然衝進來，從小女孩手上一把搶走消防車，遞還給自己的兒子，解釋說：「我們最近在教他，不是每次都需要分享。」

我們邀請一位全職爸爸帶著三歲孩子來家裡「遊戲聚會」、吃吃點心，他告訴我，雖然他相信「請」和「謝謝」這些字眼有其用處，但是他鼓勵女兒在拿取食物時不要使用這些字眼，因為這樣可能會讓女兒誤以為吃東西是特權，而不是「基本人權」。

我有點羨慕這些家長的篤定。身為媽媽，我常常覺得快失控了，渴望一套一致的理論，可以保障小索徹底且完整的快樂，同時又能讓他別再鬼叫、快點上車。在比較軟弱的時刻，我很難抗拒擅於行銷的教養哲學的誘人召喚。

問題是，我對自己的信念不夠有勇氣，沒辦法真正選擇其中一種教育理念並徹底遵守。有一次，小索發脾氣時，我就在完全相反的哲學中瘋狂搖擺。絕望地不知道該把他趕到調皮時專門用來罰站的角落；還是應該認可他的感受，幫助他「從憤怒之山下來」；或是乾脆打包一份野餐，把他送回憤怒之山；又或者假裝我們都是法國人，幻想我如果稱他「尚－皮耶」，他就會神奇地找到某些高盧民族的內在自我控制能力。

話說回來，這些也許都無所謂。雖然幾乎無法將某種特定的教養風格和成年之後特定的結果做出連結，但是我愈鑽研這件事，愈覺得這麼認真與專注思考用什麼方法最能創造出快樂的孩子，其實仍無法達到心中希望的效果。

小兒科醫師和依附教養理論創立者席爾斯醫師深具影響力的著作《寶寶書》（*Baby Book*），於一九九二年出版以來，售出超過兩百萬本，替新型態的教養狂熱定調。用這種認真到出奇的教養方式帶大的第一代孩子，現在已經到了上大學的年紀，或是剛剛大學畢業。可是研究顯示，他們通常比前幾代的孩子**更不**快樂、**更沒**安全感。

專家對於目前美國大學生心理健康危機的關切逐漸升高。二〇一三年大學諮商中心年度調查回報，受到調查的諮商人員中有百分之九十五相信，校園裡有重大心理健康問題的學生人數愈來愈多，而使用大學諮商服務的學生之中，足足有百分之四十四被歸類為有「嚴重心理問題」。[3]同樣地，美國大學健康協會在二〇一五年進行的另一項調查顯示，大學生裡大約有半數在前一年的某個時間點上「覺得事事無望」，有百分之三十五以上的學生憂鬱到覺得「很難正常運作」；有超過半數的學生覺得「焦慮到無力招架」。[4]

成年初期向來是情緒動盪的人生階段，然而有強大的證據顯示，年輕人嚴重焦慮和情緒苦惱的程度有急速增加的趨勢。聖地牙哥大學珍．圖溫吉博士（Jean Twenge）分析高中生和大學生接受同樣一份標準化性向測驗的結果，並回溯至一九三〇年代晚期，檢視其性格和心理問題。她得到的結果令人震驚，即使控制了混擾因子（confounding factors）⓰，像是現代學生比較不介意通報心理健康症狀等等，一九三八年的大學生有一到五個百分比的人，在精神病理上的得分高於臨床決斷分數；到了二〇〇七年，數字暴增到百分之四十。圖溫吉表示，現在一般高中生的焦慮程度跟一九五〇年代的一般精神病患類似。5

整個世代的父母都希望藉由自己的努力不懈，為孩子排除負面體驗、保證孩子的快樂，結果卻似乎適得其反。

美國孩童愈來愈焦慮和不快樂，他們的父母似乎也是如此。

而美國父母也愈來愈在意孩子是否為他們帶來快樂。以個人快樂為首要之務，執著於快樂的各種微妙差異，在這樣的環境下成長的世代，這類「我的孩子是不是讓我快樂」的教養文章，迎合了他們的口味，幾乎成了主流媒體的次類別，不管在媽咪部落格或是《紐約時報》。在〈愛我的孩子、恨我的生活〉、〈為什麼父母痛恨教〉、〈生養寶寶真的值得嗎？〉這類文章裡，記者把自己搞得暈頭轉向，解析「喜樂」這個字眼的語意，試圖找到一個定義，以便涵蓋兩小時內得替孩子換掉四件弄髒的湯瑪士小火車內褲的感觸。

這些部落格貼文和文章，滿是作者深愛自己孩子的免責聲明，反覆咀嚼同樣的基本矛盾：「好**難**啊。我存在的每個部分，包括我的靈魂，都卡著小孩壓扁的彩色黏土。我用亞馬遜網站訂來的書裡寫的正向教養策略，我家孩子卻沒有以正確的方式回應，我了。我本來以為有了孩子會讓我快樂，可是我**並不覺得**快樂。」

大眾科學也緊張地繞著同一塊領域打轉，近年來針對孩子是否讓父母快樂的研究，多到超乎我媽媽那代大多數人的想像。

這些研究壓倒性的結果，是個相當清楚的「其實並不」。奇怪的是（或者對我們這些一個小時前才卡在高速公路車陣裡，車上有個三歲孩子反覆狂叫「我要大便」的人來說其實並不奇怪），一份又一份的研究顯示，有孩子的人比起沒孩子的人（這些人會稱呼自己「child-free」，同時再點一巡貝里尼調酒）更不快樂。

諾貝爾獎得主、行為經濟學家丹尼爾・康納曼（Daniel Kahneman）一項頗具影響力的研究顯示，德州有一大群接受調查的女性，只要投入無關照顧孩子的任何活動，幾乎都會更快樂，甚至包括執行家務事。[6]在另一項特別令人憂鬱的研究裡，一群德國研究者發現，第一胎出生後的兩年間，父母快樂程度下降的程度，一般高過離婚、失業甚至是伴侶過世。[7]威克森林大學社會學教授羅賓・西蒙（Robin Simon）表示：「成人生活主要由工作、友誼、親職所組成，養育孩子是唯一無法提升幸福感的生活面向。」

研究顯示，對於女性、特別是那些孩子還小的女性來說，養育孩子對個人快樂所產生的負面影響更大。當孩子離開家，負面影響就會大幅下降。這樣的結果就算無法完全證明、卻也確實暗示了，和孩子相處愈多時間，愈不快樂。

這個想法如此令人不安，科學家於是不停重複這些研究，精進和調整方法學，迫切想找出不同的答案。就像學童反覆拋擲銅板，喊著：「三次裡最棒的……不、不，這結果是五次裡最棒的……」用過每種方式進行研究後，研究人員在「孩子是否能為父母帶來快樂」的報告裡，提出讓人振奮的答案：「因人而異。」（這個答案恰好也適用於學者所提出的「——〔請填入任何人生抉擇〕是否會讓人快樂……」這些普遍到詭異的問題。）

沒有人喜歡這個結果，在有孩子的人心中，這個結果會激發深層的不安，因為養孩子會不快樂是真的，又不是真的。大多父母都會同意，親職開啟了他們人生透過別種管道無法企及的喜樂。可是這份資料可能碰觸到某種更深沉、令人煩惱的真相——沒有人想要覺得自己做了一個無法逆轉的人生抉擇，而且在實際體驗之後，證明這是一張奔赴悲慘境地的單程票。這些研究等於嘲笑非父母和父母之間的永恆社會協議：他們有自由，我們有喜樂；他們喝雞尾酒，我們得到人生意義。如果沒有那種情緒篤定所帶來的安適，親職就會變成只是愧疚和排泄物。

不管如何，這些都影響不了我急著再生一個的心情。

我們抵達美國後，我和奈爾就一直很努力想再生一個。可是隨著我們逐漸在加州安頓下來，我的卵巢顯然決定退休了，它計畫要到佛羅里達去享受凱納斯特紙牌遊戲和餐館早鳥優惠了。它遲遲毫無動靜。

每個月我都會搔首弄姿悄悄朝奈爾湊去，嬌媚地用手指戳戳手機螢幕，嗲聲嗲氣地說：「老天！你還在等什麼？我的卵巢說今天是好日子！你**真的**希望小索當個獨生子嗎？」他跟著我上樓的時候，是出於恐懼而不是欲望。歷經一年這種毫無喜樂的把戲之後，我依然沒有懷孕的跡象，於是我開始恐慌，我都已經三十八歲了。我在Google上做足了功課，知道時間正快速流逝。我們只好去懷孕門診掛號。

我們提前將近一個鐘頭赴診，緊張地坐在候診室裡，翻著關於披衣菌的傳單，試著不要盯著貼滿寶寶照片的牆壁看，還沒長牙的寶寶在毛毯上微笑；在保溫箱裡嚇人的半透明雙胞胎，身上插滿了管子；身上綴滿配件的新生兒，頭上頂著大到過分的小花環——他們都以幸福甜蜜的承諾，驅策著我們的意志。證明親職不會帶來快樂的那些優質科學研究，在面對這種地毯式轟炸的可愛行動時，全部崩塌成灰。在我探索快樂的所有旅程上，這間診所用喜樂把我綁架了。

「以妳的年紀，我建議你做試管嬰兒。」

醫生以實事求是的口吻，帶著同理心，圓滑地端出她那套固定說詞。她用了一組傾斜到令人沮喪的圖表，向我們說明大自然和父權社會狼狽為奸的明顯證據。雖然她也隨口提到了其他問題，但是談到生殖，其實只有一個重點，他們應該把它翻譯成拉丁文，刻在這棟大樓正面的石材上：

ANVSNONPOSSVNTINFANTES
CONCIPERESINEIMPENDIO
（老女人沒錢就別想生）

我們賭上全部的積蓄，開了張支票給診所，並踏上了一場可怕寂寞的旅程，站在科學怪人與人類生活交會的最尖端。

我們的浴室很快就變得像電影《追陽光的少年》（*Drugstore Cowboy*）的後製現場，四處丟滿空針筒、瀰漫著急切的氣息，我花了幾個月時間注射價值一萬美金的強化藥劑到卵巢裡。（至於奈爾，他分配到的任務，是享受診所裡各種免費色情刊物，以提供精子採樣。這是全球性別不公義的終極隱喻。）

我們事先設定了財物和情緒的停損點，準備嘗試三次試管嬰兒。如果三個循環之後還是沒成功，我們就心甘情願接受只有一個孩子的事實。我試著說服自己，有那麼多人連一個孩子都沒有，我已經算幸運的了。

第一次循環我就懷孕了，真的喜出望外，可是前期流產，讓我備受打擊。第二次嘗試也發生同樣的狀況。當我發現我在第三次、也是最後一個循環又懷了孕，提心吊膽，花了好幾個小時將不連貫的一串驗血結果輸入Google，後面加上急切的「這樣會成功嗎？？？」一起搜尋，用念力要寶寶撐下去。

不知怎的，寶寶撐了過來。孕期發生過併發症，一星期需要跑三趟醫院，接上監測器觀察。在我抱著愧疚感，快手替小索三歲生日製作了灣區運輸系統形狀的蛋糕後，沒幾天，我們渴望已久的二兒子賽飛尼亞呱呱落地，渾身甜蜜無比，細緻到令人屏息。

生下孩子之後，我的生殖能力也終結了。孩子們永遠都會像是稀有和珍貴的資源。毫無疑問，有了小索和賽飛，我的人生更快樂了。

有趣的是，儘管費了好大功夫才生下賽飛，我對賽飛的態度卻遠比對小索放鬆。令人意外的是，在我們旅居美國時出生的寶寶，骨子裡就是個加州人。我也許不是個依附家長，但他百分之百是個依附寶寶，除了我的床鋪，哪裡都不肯睡，小小的依附嘴唇整晚緊緊黏在我的乳房上，猛吸母奶，就像迷你貓王狂啃漢堡。可是大多時候，光是擁有他，就讓我非常快樂，而且我還得忙著確定他哥哥不會覺得嫉妒或是被冷落，我根本沒時間或精力過度教養賽飛。賽飛出生不久的那段時間，我們懶洋洋地坐在門前階梯上，我無比幸福地陷入哺乳循環裡，小索則熱切地等待各種救護車呼嘯駛過，每次只要看到那種車子，他就歡喜地摩搓雙手，像是專精人身傷害的律師。

我不再往自己身上強加壓得人喘不過氣的信念——孩子未來的快樂，端賴我個人的表現——第二回合的母職有趣多了。小索還是寶寶時，教養感覺很像永無止盡地考駕照，要保持超級警醒，想像有個嚴厲的考官正在監控並評估我的每個動作。但面對賽飛時，我根本不刻意讓他最佳化，我只是享受他。

當我放開教養的警戒心，就覺得更快樂。不是只有我這樣，研究顯示，遍及美國中上階層的「過度認真教養」風格，是家長變得更不快樂的主因之一。

過去幾十年來，對於家長的角色該包括多少，社會的期待一直在膨脹。關於「育兒時間」的調查結果顯示，二〇一〇年的媽媽比起一九六五年的媽媽們，每星期平均多花四個小時在孩子身上，而受過大學教育的媽媽則多花**九個小時**，儘管她們更可能有機會離家上班。[8]這些時間有更多花在社會學家所謂的「精心栽培」上（像是只隔著五公分距離跟在四歲孩子後面，手腳並用在攀爬架上前進，同時一直對公園裡的花花草草維持富有教育性的說明）。

近來的研究卻顯示，我們愈是認真投入親職工作、愈堅信孩子的發展和快樂仰賴家長的行為，我們就會變得愈不快樂。

一份出版於《孩童與家庭研究期刊》（*Journal of Child and Family Studies*）的特殊研究，調查一大群擁有不到五歲孩子的媽媽們，試圖衡量接受調查者參與親職工作的「認真程度」，問她們對各種陳述有多同意或有多不同意，像是「妳身為媽媽，永遠應該提供最好、最能刺激智能的活動，來協助孩子的發展」，以及「當個好媽媽比當個企業主管更困難」等等。控制混擾因子之後顯示，媽媽愈認真，她就愈不快樂，陷入憂鬱的風險愈高，而最認真的媽媽經驗到的憂鬱，是一般大眾的三倍多。[9]

在美國，持續拉高教養的投入程度，正彰顯了將信念深深放在個人責任上的文化。認為家長可以透過個人的無盡努力，「打造」一個毫無缺陷的快樂孩子，這個想法呼應了根深蒂固的喀爾文信仰⑰裡對勤奮工作和功績主義的重視。

教養幾乎應該完全由個人負責——這種主張對家長來說，是種沉重的情緒負擔。只要家長準備好這麼做，社會就可以擺脫責任，無須為孩子的幸福負起集體責任，也不需要對家庭提供任何實質幫助。

因為儘管美國政客常常感性地提起家庭單位，卻常常讓人覺得美國的生活不利於家長。

像是健保系統不普及，在美國連最基本的生產費用都可能高達幾萬美金，親職旅程的開端常得背負沉重的帳單或債務。我生賽飛時，接受了單純的剖腹手術及住院三晚，結果收到了超過五萬五千美金的帳單，我們的保險公司起初遲遲不肯確定他們是否會支付（最後他們付了大部分的錢，可是這個經驗令人壓力大到爆表）。雖然我在倫敦生下小索的時候，曾經抱怨國家保健署的醫院很爛，餐點難以下嚥，排水系統是維多利亞時代留下來的古物，但我們的醫療照護沒有限制，而且免費，當時我還以為這是天經地義的事。

在英國，每生一個寶寶，媽媽一般都會請大約半年的產假（多數雇主都會准假，拒絕的話，政府會介入）；在已開發國家裡，只有美國沒有任何產假的強制法令。我的美國朋友有很多都只能把六星期大的寶寶留在家裡，自己回到辦公室去。

美國父母在職場上很少被照顧，很少有彈性工時或兼職的工作，所以這些朋友有很多最後都乾脆離開人力市場。我大部分的英國朋友在有了孩子以後，多少都還保有原本的工作，但我大部分的美國朋友在有了孩子之後，職涯卻大幅縮水。在沒有國家的補助或支援下，孩子的照護服務不夠普及而且非常昂貴。

儘管前方阻礙重重，比起沒有孩子的同儕，美國父母是已開發世界裡最不快樂的人，我一點也不意外。愈來愈多研究顯示，一個國家的福利系統和社會安全網愈強大，父母就會比非父母更快樂。[10]花在苦惱孩子是否讓父母快樂的時間和情緒能量，如果能轉而用在提供這些父母實際支援上，彼此快樂程度幾乎肯定會提高。

可是，讓父母快樂或許也不是孩子的責任。在深入探索心靈的當下，是否投入親職，已經成了滿足個人的問題，是快樂市場的另一個選項，而這個市場裡滿溢著互相競爭的選項。

如果這種心態持續更久，最後擊潰布爾喬亞的不會是革命，當我們集體決定熱瑜珈的快樂投資回報率，比起繁衍後代更高，中產階級就會滅絕。說真的，如果我們自己的孩子不會讓我們快樂，那麼我們不該去重新評估生養與教養孩子，也許我們該做的是，重新評估我們對快樂的理解。

我們愈是想著生養孩子是否讓我們快樂，愈是期待孩子為我們個人帶來永遠的幸福快樂，更成為時時刻刻極度幸福的來源，而不是將此視為正常生活的一部分，不需要有身而為人的順逆起伏，在充滿幻想的期待，以及照顧孩子的日常現實間，差距極大，很難跨越。

如果連孩子——在人類史上受到重視、作為我們喜樂與意義的主要泉源——都沒辦法讓現代美國人快樂，那麼還有什麼能讓他們快樂？在二十一世紀的美國，有沒有萬無一失的生活風格或價值體系，能夠保證幸福人生？如果有，我倒想知道那是什麼。而且我開始感到不安，也許，答案就在我們即將擁有的家庭生活裡。這讓我滿心恐懼。

註

⑫ 源自「依附理論」，強調孩子與父母之間的關係是其未來一生人際關係的基礎，因此相當重視依附品質，認為安全的依附關係可以奠定孩子健康的心理素質。

⑬ 神創論者相信人類、生物、地球及宇宙都是由超自然力量或超自然的生物創造，通常為神、上帝或造物主。

⑭ 威廉·席爾斯（William Sears），美國兒科醫師和依附教養理論創立者。

⑮ 育養教育法（educaring）將教育建立於日常的照顧活動中，照顧就是教育課程，生活就是教育。

⑯ 混擾因子（confounding factors），意指在流行病學研究的因果關係中，如果有一外來因素可以部分或全部地解釋本研究獲得之因果相關，則此外來因素稱為混擾因子。

⑰ 喀爾文教派（Calvinist）：於西元十六世紀初，西方宗教改革運動後，法國宗教改革家喀爾文（John

Calvin,1509-1564）於瑞士日內瓦建立的新教派。主張克勤克儉、過自律而簡樸的生活，實踐聖經的教訓。不久傳至歐洲各國，英國的長老會及移民北美的清教徒，均為其分支。

第六章 上帝的幸福計畫

兩對祖父母緊張地端坐在我們的客廳，抱怨著這裡的貝果不如他們自己買的好吃。猶太與非猶太祖父母們聚在一起，硬要同時討論天藍色的杯子蛋糕，和在孫子生殖器劃上一刀，這兩個毫不相干的話題，對話既勉強又尷尬。

我們兩家的家族特地從倫敦飛來參加賽飛的割禮，也就是猶太男嬰在出生第八天需進行的正式割包皮手術。我正在累得要死、血流不止、母愛爆炸、賀爾蒙噴發，連看個洗衣粉廣告都淚流滿面的時期。才一個多禮拜前，這個備受期待的寶寶還在我體內啊！十分鐘後，將有個陌生人會來我們家，從他陰莖上割下他的包皮。我真心不想參與這個儀式。

那到底為什麼要行割禮呢？不完全是宗教因素，因為我們還不能算是「敬畏上帝」的子民，只能算是**類**猶太家族吧！我老公奈爾長得一副超級猶太臉，只要戴上帽子，管他是棒球帽、牛仔帽還是主教冠，立刻變身為極端正統派的哈西迪猶太教徒[18]。但其實他早在成年禮當天就忘了猶太人的宗教理念，只剩無止盡的罪惡感，跟熱愛在餐桌上討論健康這兩點，讓他勉強像個猶太人。認真說，我也只是半個猶太人，所以我們兩個加在一起，頂多只能算是不可知論者吧。（奈爾自稱「無神論者」，而我只有看到閃電時會稍微停下腳步。）其實，只要搬出我的基督教循道宗派[19]祖母，或學其他跨教婚姻朋友，把割禮稱為「兒童殘割」（Child Mutilation）[20]，我們大可躲過這一關。

但顯然，我們在彼此混搭的基因和不同信仰間取得了一個平衡點：孩子們只要繳出包皮，就可換到每年的聖誕樹。我的無神論者老公曾經被邀請當朋友孩子的乾爹，當時他還把自己定位為「道金斯老爹」（Dawkins Father）（雖然我一點也不認同這個角色，畢竟理查・道金斯[21]大概是唯一比神還更性別歧視的人了），但他卻強烈認為兒子應該當猶太人。這項自伊斯蘭先知亞伯拉罕以來，每位猶太男孩必經的羞辱儀式，對於奈爾來說卻相當於歡迎儀式，是歸屬的象徵。

奈爾的決定顯然是「直覺部落意識」（Instinctive Tribalism）而非「正向心理學派」（Positive Psychology Journal），但多少還是有點道理。我發現，人類快樂的最大因素，就是獲得社群認同及建立強健的社會連結。我是這麼相信的，相信到願意拿兒子的陰莖來做賭注。

門鈴響了，站在門口的是穆漢（割禮司）。他身後的行李箱之大，讓人以為裝在裡面的割禮工具大概是武士刀吧！我緊抱著香嫩的寶寶，抑制想逃跑的衝動。

多吃了幾個貝果、多聽了一些抱怨的對話之後，我不情不願地將賽飛交到他祖父手裡。他祖父緊緊地將賽飛押在腿上。我不忍地看向別處。可怕的一分鐘過去了，緊接著聽到新生兒哭鬧聲和禱告詞，儀式就完成了。事後，我抱著這個猶太族群的最新成員，跟大家同聲對他唱祝賀歌。那一瞬間，我似乎了解了所謂「歸屬」的意義。

自我合理化的媽媽是毫無邏輯可言的生物，或許我只是單純將自己懼怕公婆的心情合理化罷了，但我愈是深入研究這個快樂主題，愈是覺得割禮的決定給了賽飛一個快樂的人生起跑點。

我發現一個非常明顯的快樂模式。不斷有研究結果顯示，歸屬於特定族群人們的快樂程度遠遠高過一般人。研究結果有著很明顯的差異，在各種族、性別、社會階層及薪資族群之間都取得相同結論：這個特定族群就是有宗教信仰的人們。

皮尤研究中心、蓋洛普公司及全國民意研究中心調查都顯示，有宗教信仰者及無宗教信仰者認為自己「非常快樂」的比例為二比一。[1]更多其他研究也不斷顯示，人們若能認同自己所屬的宗教社群，會讓他們對生活有更高的滿意度，擁有更高的自尊心、更多的社會連結，及更能適應困境的能力。

宗教跟快樂之間的連結如此顯著，這大概也能解釋為何英國人這麼暴躁了。一般而言，英國人不會強調或大肆宣揚他們的宗教信仰，在自由開放的倫敦市的某些地區，承認自己是酒鬼比承認自己是基督教徒還容易被社會接受。美國政客則否，要是他們沒有高調地宣揚自己「深信偉大的主啊！」八成選不上。但英國不同，虔誠的基督教徒布萊爾首相幾乎把他的信仰當作祕密一樣隱藏起來。要英國政客承認有宗教信仰，比跟實習生亂搞被抓包，或不小心在推特上發布下體照還要丟臉。

所以，當我老公說他跟某位虔誠摩門教同事史蒂芬變成好友時，我實在好奇死了。史蒂芬有四個孩子，一家人住在鹽湖城。他跟奈爾說，四個孩子在摩門標準裡只是一般小家庭而已。他的太太蘿拉是全職媽媽，婚後就沒再外出工作。他們二十一歲就結婚，他們反對婚前、婚外性行為，反對同性婚姻，也反對墮胎。我們的社交同溫層裡不會有這種立場。

史蒂芬跟蘿拉寄來的聖誕賀卡超像家族手冊，卡片上是活力滿滿、閃閃發光的金髮孩子們，到處印滿「感謝主」及聖經引文。在我們充滿冷嘲熱諷的後現代主義世界中，這種人真的超稀有，他們好像手上握著一把通往快樂王國的鑰匙。

研究數據又再次證實這點。研究結果如果可信，美國的信教人口比非信教人口快樂，其中最快樂的就是摩門教徒。摩門教徒在各方面都比全美其他的人口來得快樂。[2]約有百分之九十的摩門教徒認為所屬社區環境「非常好」或「很好」，而一般美國人民則約有百分之七十這麼認為。[3]根據蓋洛普民公司民調顯示，美國境內的摩門教徒失業率最低，而有著近百分之九十摩門教人口的猶他州普若佛市，更是全美最快樂的城鎮。[4]

但案情真的這麼單純嗎？難道書店裡的心靈書籍都指向同一個答案？《快樂的真理是：成為摩門教徒》，結案。

摩門教徒真的看起來比較快樂，至少根據部分網路資訊是這樣沒錯。過去幾年來，摩門主婦跟媽媽部落格激增。這些部落格重現一九五〇年代的恬靜生活：部落格裡的孩子大多乾乾淨淨、樂於做家事，全職媽媽們則充實地在家陪伴孩子做勞作，沒有人會因無法做自己而抱怨或愧疚。這些部落格裡的照片跟左派網站上「孩子讓我受盡折磨」的照片天差地遠，內容完全看不見媽媽們內心的衝突矛盾，讓人愈看愈上癮。我都利用賽飛喝奶時，用手機偷看這些部落格，我看愈多，家務就累積愈多，我常常懷疑自己是不是該改信摩門教。

摩門族群普遍來說非常保守。他們不喝茶或咖啡，更不碰酒。他們是保守黨的鐵票群。摩門教會強調嚴格的傳統性別角色，男人外出賺錢，女人在家照顧孩子。黑人一直到一九七八年才能在教會裡獲頒牧師職的最高榮譽，而女性則到現在都還沒有辦法擔任牧師職。

這跟我的認知真的差好多，就像有人跟我說「根據數學邏輯，你其實是一隻長頸鹿」，或「你的名字其實叫布萊恩」一樣不合理。這些研究數據顯示，做了這些看似讓我不快樂的事情後，會變得更快樂喔！像是要花很多時間上教堂、多生幾個孩子、不可以喝酒（喝酒才能多生幾個孩子吧？）、要接受父權制、要加入共和黨。這麼多規矩，成為摩門教徒後的我，真的會比較快樂嗎？

但我又必須承認，過去幾個月以來，我的生活方式確實也沒讓我多快樂。直到現在，我養育兩個孩子的人生比較像是「受虐女性主義者」，而非「完美模範摩門媽媽」。小索原本被父母過度保護，弟弟出生後突然被放生，小索很不適應，用亂發脾氣表達不滿。賽飛則一定要黏在我身上才肯睡，他依賴我肉體的程度，像是無法自己呼吸的人依賴鐵肺那樣。我們的公寓充滿嬰兒用品，我跟奈爾都累壞了。

快樂研究者為「生活滿意度」跟「快樂情緒」做出不同定義。「生活滿意度」指的是較深層、對生活的整體滿意度，「快樂情緒」指的是每天分秒的心情。最新的理論是，這兩種快樂彼此獨立而不互相影響。我現在終於可以了解這個道理。孩子們肯定為我帶來那種深層的幸福感，但有時像在晚餐時間吧，看著夜晚將至而身邊還有兩個孩子不斷尖叫、重複著他們的需求時，所謂的幸福感深跌到需要海軍的潛水專家來幫我挖掘。

所以，當史蒂芬跟蘿拉聽說我每天要看十個摩門媽媽部落格的怪癖後，就邀請我去鹽湖城跟他們住一週，體驗真實摩爾門生活。我當然很興奮又很好奇。我真的好想問他們（特別是蘿拉）：「妳的人生真的是這樣嗎？妳難道都不會無聊、生氣、矛盾或不滿嗎？」

過去這幾年，我看過很多摩門教相關雜誌或紀錄片，它們似乎都在報導同樣的幾個家庭：一家之主通常都犯了重婚罪，最後被關進牢裡（但其實摩門教早在一八九〇年就宣布反對多妻制了）。過去我也在電視製作產業裡拍了許多紀錄片，我大概能理解電視節目的製作，當時也必須跟蹤那些世上最奇怪的人，硬把他們貼上標籤，套上大家都在討論的社會現象。但說真的，我不是因為史蒂芬跟蘿拉是怪人或社會邊緣人才對他們的生活感到好奇，而是因為他們在各方面都跟我們很像。我們的年紀、生活環境跟教育程度都差不多，但是他們的生活方式卻像極了我媽努力掙脫的生活，而且跟我（僅有）的價值觀完全相反。

我期待這趟鹽湖城之旅，能讓我理解摩門教徒成為全美最快樂族群的背後原因。至少研究數據是這麼說的。

*

出發前往鹽湖城之前，我還得先訓練賽飛不要那麼依賴我的乳頭，這樣才能離開他在外過夜。這段期間我就先到附近奧克蘭的摩門教聖殿進行背景研究。

自從搬來加州之後，我就一直想要來這裡看看。它像是迪士尼夢幻城堡一樣矗立在山坡上，黃金塔樓直直伸入天堂。這個聖殿是當地的知名景點，很多飛行員都以它為指標，在夜間將飛機安全地飛入機場。聖殿前還有裝飾性的湖景，湖邊種滿高聳的棕櫚樹。湖中還設有幾座三層水池，源源不絕地湧出珍貴稀有的加州水源。

非摩門教徒是不能進入聖殿的，但我記得有人跟我說過，隔壁的遊客中心非常歡迎遊客，而且會非常勤奮地向非教徒解說摩門信仰及制度（我猜他們是想感化潛在教徒吧）。

我一踏入門內，就和耶穌基督面對面。這不是我準備要歸化為教徒的鋪陳，也不是什麼徵兆，只是因為遊客中心的入口走道就被一尊耶穌的巨大雕像占據。雕像大約有我的兩倍高，大大的雙手指向頂上的夜空，彷彿說著：「這一切都是由我老爸創造的！」我才正在欣賞這個驚人的景觀時，耶穌突然開口說話了。

「看哪，我是耶穌基督。」耶穌透過四周的環繞音響說道。他的語氣充滿讚嘆與敬畏，像極了天文館播放「萬物創造的起源」影片配音。我想，這個巧合大概是刻意的吧，畢竟他們（宗教和科學）也算是最直接的競爭對手。

我聽完耶穌的發言後，繞過他走向後面的展示廳，順手拿了些摩門教義的摺頁手冊看看。

摺頁說明，摩門教又稱耶穌基督後期聖徒教會，是基督教派的分支，同時遵循《摩門經》，一部《聖經》的續集。《摩門經》的主要內容，就是耶穌復活兩百年後決定出訪美國的故事。

據說這部經文被刻在黃金頁片上，埋藏了幾百年，直到一位名為約瑟夫・史密斯（Joseph Smith）的男子收到摩羅乃天使傳信告知其隱藏地點之後才被找到。對神學學者來說，很不幸地，約瑟夫・史密斯將這部黃金經文還給摩羅乃天使了，所以從頭到尾沒人能證實它的存在。但這不妨礙約瑟夫・史密斯依據《摩門經》建立新教派，吸引了幾十萬的信徒，直到約瑟夫・史斯密三十八歲時被暴徒殺害。

我正在看展示區的說明，上面寫著「天父的家庭計畫」，這時，兩位非常友善的長裙少女走了過來。她們自我介紹說她們是「修女」，我還以為她們是扮演大人影片裡的某種角色，後來才知道，她們只是參加十八個月短期傳教任務的女孩們。這個情形還滿普遍的，摩門教青年在高中畢業後，就會被鼓勵到世界各地傳遞福音（教會鼓勵女性傳教，卻強制男性必須傳教）。

「您想深入了解上帝的幸福計畫嗎？」其中一位修女問我。

過去一整年，我都在抱怨幸福專家的話不可信，「上帝的幸福計畫」對我來說彷彿大躍進。

「是的，麻煩你了。」我回答道。

兩位修女們把我帶到一間特別的劇院廳觀看影片，她們說，這部影片會揭露上帝的幸福祕訣。

（我要暴雷：就是家庭啦！）

摩門教會（教會扮演著上帝在地球上的發言人）說，幸福的關鍵就是婚姻、異性戀與生育小孩。

影片中飾演媽媽的人選超完美，她夠漂亮，又點綴不多不少的憔悴；爸爸則熱愛在夜間進行手作工程，如此才能在白天跟孩子一起進行「健康的休閒娛樂活動」。每次配音員都會用「娛樂活動」這個說法來代替「好玩的事」，我猜這是為了想避免任何不健康的負面想法吧，但對我來說卻有反效果。我生完孩子第一次有這種聯想，每次他只要提到「娛樂」，我就忍不住想接「嗑藥」。

影片中有段小回顧，是夫妻將家裡的第一個新生兒抱入粉色育嬰室哄睡的片段。當媽媽把寶寶放到小床上，寶寶立刻一聲不響地睡著了。跟我家那兩隻哭鬧不休、扭動著不肯入睡的嬰兒完全不同。動物行為學家看到的話，大概會把我們家孩子跟影片中的孩子分類成兩種完全不同的物種吧！

我不禁懷疑所有摩門寶寶真的都是這樣嗎？難怪摩門教徒都這麼快樂。我們最近才花了將近一個月的薪水去諮詢睡眠專家，先不管大家對摩門教有什麼質疑，約瑟夫・史斯密怎樣都比那庸醫來得厲害。我當下就立刻決定要歸化入教。

美國的開國元老們或許曾為了個人自由及如何制度化的實踐傷透腦筋，我倒是有完美解答。個人自由的最佳實踐方式就是勞心勞力地生下孩子、養育小孩，然後丟下孩子去旅遊。

我拉著小小的行李箱，裡面沒有尿布、奶瓶或動物餅乾碎屑，身邊也沒有人哭鬧、崩潰，或跟我介紹所有湯瑪斯小火車成員，連在機場排隊等安檢都跟做Spa一樣放鬆。我腦中第一百萬次地好奇起來，蘿拉能全職在家帶四個孩子，不能逃到公司放空，她到底是怎麼辦到的？我在機場租車，出發前往史蒂芬跟蘿拉家的路上，差點要被自由的氣息悶死了。

跟美國很多其他城市一樣，鹽湖城是個人工得毫無個性的小鎮，但它卻坐落在雄偉的自然風景之中。馬路邊都是單調的汽車旅館和速食廣告，背景卻是一座座從山嵐中探出頭來、白雪皚皚的峰頂，彷彿孩子畫中神的住所。我忙著欣賞風景，結果下錯交流道，發現自己正直直開往拉斯維加斯去。開得離鹽湖城愈遠、愈接近拉斯維加斯時，我感到愈來愈焦慮及沮喪。這整個情境實在太諷刺了，我覺得自己好像主日學裡的道德故事主角，即將面臨悲慘結局。

史蒂芬跟蘿拉住在富裕的摩門郊區。跟美國所有街道一樣，這條街上房子的編號實在難以理解，我在一條只有三十間房子的街道上尋找14039號。一條街來回走了三趟後，終於順利按到他們家的門鈴。

史蒂芬大概是我唯一遇過，一開門就會道歉的人，他道歉竟然是因為他家太整齊了：「抱歉，我家平常不會這麼乾淨。」這跟我平常開門說的話完全相反。（但過了一個週末之後我才發現他根本在騙人，因為他們家平常就是這麼乾淨整齊，沒有人可以維持假象這麼久。）屋子裡的擺設像雜誌樣品屋一樣完美，近期內部重新裝潢過的味道都還沒消散。

史蒂芬年紀跟我差不多，身材因騎車健身而精瘦結實。他顯然非常聰明，從一流的常春藤聯盟法律系畢業，現在又是業界高層。他態度坦誠、開放，鼓勵我提問，也表示會盡力據實回答。

我知道史蒂芬跟蘿拉的四個孩子都在家，但房子不僅乾淨得不尋常，也安靜得詭異。要不是我確定他們有孩子，我大概會以為這裡是頂客族的家。他們家裡沒有四散的體育用品、美勞作品、學習單或成堆的塑膠玩具，整體氣氛安靜有序。孩子們共一男三女，女孩們穿著保守的裙子，頭上綁著宛如美國小說《草原上的小木屋》（*Little House on the Prairie*）中女主角的辮子，孩子們個個表現完美。他們不會打擾大人，只有偶爾進出各自房間拿個東西或坐在桌前畫畫。

我想到自己家裡，到處散亂的髒衣服、變形的穀片、我無力保存或丟棄的幼稚園美勞作品碎屑，以及那兩隻總是處在崩潰邊緣的男孩。蘿拉顯然不只維持了家裡秩序，更能讓大家都乖乖聽話。她像摩門式調教者一樣，有著用狗鍊牽銀行員去溜達的本事。

可是蘿拉本人一點也不可怕，她很和藹可親，我立刻就喜歡上她了。她坐在餐桌前，身穿運動服戴著眼鏡，看起來一派輕鬆。桌上排滿大大小小特殊形狀的打洞機。她面前放著上百個厚紙板割下的藍色、金色圓圈。我們向彼此自我介紹後開始閒聊，我問她正在做什麼。

「我在做花圈。」她回答。

這趟來鹽湖城，我其實暗自希望能戳破「摩門媽媽部落格假象」，但才剛到沒幾分鐘就聽到「花圈」這個東西，讓我很挫敗。

「要做什麼用的？」我問她。

「明天中午午宴，要舉辦新娘單身派對，我邀請了大約七十個人來。」

「**七十？**」我瞪大眼睛。

「我請了附近的女性都來參加，可能有興趣的人我都邀請了。」她看起來有點不好意思。

她表現的好像沒什麼一樣，但她不是演出來的。她不是那種穿著華服說「什麼？這件破衣服沒什麼」的矯情女人，而是真心覺得「獨自一人把幾百個圓形紙版縫製成花圈、籌備七十人份的午宴，同時照顧四個孩子還好啊，真的沒什麼」。

你做這些事情的時候，都不用喝點酒嗎？我腦子裡只想到這個問題。或許我們的信仰及生活方式的唯一差異只在於，我用喝酒來填補沒有花圈可以做的空洞，而蘿拉則是透過製作花圈來填補沒有酒喝的缺憾。

我當然沒有把這個發現說出來。「新娘是誰呢？」

「她名叫安娜貝爾。我之前在主日學時教過她，現在她在大學念書了。」

「她幾歲了？」

「二十一。」

二十一？我回想起自己二十一歲的男朋友，頓時慶幸我現在不是跟他結婚、住在猶他州的五寶媽。這麼年輕就要決定綁定終身的伴侶，對我來說實在有點瘋狂。

「也太年輕就結婚了吧！」我脫口而出。

我說錯話了。史蒂芬有點生氣。我突然意識到，史蒂芬跟蘿拉也是二十一歲就結婚了，正是摩門教徒的適婚年齡。

「抱歉，我這麼說太冒犯了。」我趕快道歉。

「不會冒犯，但確實有點自以為是。」史蒂芬回答道。他的回應很恰當。某些世俗化自由派在討論宗教時，「冒犯」一詞算是要開戰的意思。但「自以為是」也不正面啊！但不知道為什麼，我就是還想要再繼續追究。

「要是你的女兒們二十一歲就說要結婚，你會開心嗎？應該會覺得，喔不！太早了吧！」我問他。

「一點也不會。我比較擔心她們太老了還不結婚。我在工作上認識的多數女性都三十多歲了，每個都想結婚，但不知道要去哪裡認識對象。或者她們跟男友住在一起，而男方一點都不想婚。他幹麼想結婚？他太年輕，又已經享有性生活了，根本無法理解婚姻不只是性而已。我在紐約工作時，手下有大約二十多名女性員工，每一個人都陷在這樣的關係裡。」

我深入地想了一下他的回答，卻忍不住覺得，「老到無法成婚生子的刻薄女性主義者」跟「孩子比意見還多的壓抑摩門人妻」一樣，都只人們是對於懶惰而設定出來的刻板印象。先不談婚姻到底是否該被定義為人生目標好了，我那些想婚的朋友們現在都結婚了啊！除了一位在二十七歲時生下第一胎，而被當成青少年媽媽看待的好友之外，其餘女性不也都在三十幾歲時完成了這項看似不可能的任務？

門鈴突然響起，打斷了我們的談話，這樣也好。按鈴的是隔壁鄰居的一位爸爸，他問蘿拉明天晚上能不能幫他看顧一下三個年幼的孩子，他們家其他成員都要去參加受洗預備課。這樣一來，屋裡的孩子總數將高達七人欸！這對我來說根本超驚悚的。但蘿拉毫不猶豫地大方答應，關門之後也沒有偷偷抱怨。

之後，整個晚上門鈴響個不停。大概每半個小時就會有人來打招呼、送甜點之類的。一位太太拿著教堂的文宣給蘿拉參考，順便討論下次會議內容。一個鄰居送了巧克力抹醬給史蒂芬跟蘿拉的其中一個女兒作為生日禮物。（我根本沒注意到有人生日，如果在我們家，孩子的生日一定會大肆慶祝，其他所有活動全都要停止啊！但這位小壽星卻整晚跟她的手足安靜地自己玩。）然後有一整家人來按門鈴，在門口大聲合唱生日快樂歌為孩子祝壽。還有位太太之前借了裝派的盤子，現在裝滿自己做的手工餅乾還回來。

我試著回想，扣掉來推銷產品或傳教的訪客，上一次有人無預警地登門拜訪是什麼時候的事？我一次也想不起來。這裡的氣氛實在非常溫暖、慷慨又充滿社區精神，很難不喜歡。

個人主義文化中，我們已經認定，內在的心靈旅程會為人們帶來快樂。大家都以為宗教之所以使人快樂，是因為它能帶領人們進行內在探索並找到人生意義。但研究人員追根究柢取得的結論卻恰恰相反，信教者之所以快樂，是因為教會的生活方式活絡了社區，並促使社會連結。[5]

宗教是個很獨特有力的社區建立推手。《獨自打保齡球》（*Bowling Alone*）和《美國恩典》（*American Grace*）兩書作者羅伯．帕特南（Robert Putnam）指出，固定出席宗教活動的人們會更願意參與公益活動、志工服務、協助街友、捐血、幫助鄰居或陪伴沮喪者。幾乎所有研究都顯示，有信仰的人們比沒信仰的人們來得快樂，也同時顯示這些有信仰的人們擁有更多的社會連結，也享有更穩健及互助的社區。當研究試圖控制與社會的連結這項變數時，宗教跟快樂之間的連結就隨之消失。

我親眼目睹史蒂芬跟蘿拉的超勁量社區互助精神，這些研究的結論完全合理。

*

雖然我沒有想到鄰居之間的互動程度會這麼頻繁，但確實有預期過類似狀況。令我驚訝的是，在這些非正式、充滿社區精神的互動之外，還有另一個層面、由摩門教會組織並嚴謹管控的互助結構與志工網絡。

晚間跟史蒂芬及蘿拉聊天時，他們不經意地不斷提到他們在教會及摩門社區中參與的各種志工活動。每次我以為大概抓到他們每週為宗教活動付出的時數後，他們就又再加入新項目。

最後我終於忍不住，請他們列出確實的時數，而他們列出來每週為教會及社區活動所付出的志工時數，真的嚇到我了。

史蒂芬說，教會會正式指派每位成人會員進行一項「使命」，或在教會結構下擔任一項志工職務，有可能是主教（摩門教會並無受薪牧師職位）或主日學教師或清潔人員等。每週所費工時從數小時至十小時不等，甚至更多，視職務而定。蘿拉說她曾被分派籌備聖誕布置的活動，當時每週需投入約二十五小時的工時。

除了這些使命，教會還會指派男性成員每月需訪視的家庭，他們必須拜訪這些家庭教導摩門教義，這些訪視行程大約每次都要半個小時。（他們同時也必須接受有人來家裡拜訪。）

教會對女性成員也有類似要求，她們必須互相討論教義。所有的教會成員都必須協助打掃教會，這也都算在志工時數內。教會將每週一明訂為家庭日，週一晚上都要在家裡共進晚餐、討論教會認可的主題。當然，每週日還得上教堂，所費時間大約三小時。

光是聽他們說，我就覺得好累，但又同時感到愧疚。小索的托兒所要求每個家庭**每年**要投入十五個小時的志工時數，我沒有把這個工作外包出去請「Task Rabbit」[22]幫忙，完全只是因為擔心被發現的話會很丟臉。但典型的摩門教徒大概兩個禮拜就付出超過十五個小時了吧。

跟蘿拉聊天也讓我發現，除了這些正式卻未支薪的勞力，教會對女性也有額外的期待。女性私下應互相幫助、照顧彼此的孩子，幫社區的社交活動備餐，並為彼此的重要節日舉辦派對。

數據顯示，美國人每天平均花在「主辦並出席社交活動」的時間少於四分鐘。光是摩門教徒的付出與投入大概就已經把這個平均值拉高了，其他的美國人民大概都是積極地在破壞社交活動而已吧！

摩門教會的志工經濟複雜又精細，絕對不僅止於社區居民每個人冰箱都塞滿存糧、天天念經而已。史蒂芬跟我說了一件令我震撼不已的事：摩門教會還經營美國國內最詳盡而全面的福利計畫，其規模及複雜度可比擬聯邦政府。

摩門教會的福利廣場很醒目，實在很難錯過，就連我這個路痴也找得到。它設立在鹽湖城市中心工業區域內，聚集了多座工廠及一座約莫五十公尺高的穀物筒倉。它是摩門教會全國福利體系的樞紐，遠遠就看得到它。

史蒂芬第一次提到這個地方的時候，我想像的是人們魚貫排隊盛湯的畫面，或是像救世軍那樣的組織：就是個提供熱食或二手外套的聚集站罷了。但光是看到它外觀的那一瞬間，我就發覺自己大錯特錯，這個組織規模遠遠勝過我的想像。

廣場入口又來了一對「修女」來帶我進去導覽。我不禁懷疑，是不是好玩的任務都指派給男生了，像是讓他們去歸化非洲土著之類的，然後叫女孩子們留在家鄉做無聊的任務，跟老太太們介紹猶他州的遊客中心。

但「修女」們好像也滿無所謂的。即使只有我一個人來參觀，她們還是充滿熱忱地向我詳盡介紹這個占地好幾公頃的廣場。

首先，她們先向我說明體制的基礎面。摩門教會鼓勵所有成員每個月將兩餐的費用節省下來捐給教會的福利計畫，當然，有很多成員捐獻的金額遠超過他們的餐食費。（這項餐食捐款是額外的，摩門教會原本就已經規定所有教徒必須向教會支付「什一稅」，也就是必須捐獻百分之十的所得給教會。）教會雖然並未公布確切數據，但全球共計一千四百萬名摩門教徒（六百萬名在美國境內）所節省下來的餐食費用，勢必能將教會的年度福利預算向上推至幾十億美金。教會妥善利用該資金作為規模完整的福利制度基金，提供給任何有需要的教會成員，甚至是任何向教會求援的非摩門教徒使用。

導覽的第一站是「主教倉庫」。主教倉庫占地約五萬三千平方公尺，儲藏著滿溢的食物及家用品；倉庫裡有各式起貨機將物資搬進搬出。我看著成排的櫃子，頂天立地的擺滿盒裝食品，牛肉湯、蘋果醬、衛生紙等等。我心裡盤算著，世界末日來臨時可以躲到這裡。

這座倉庫只是全國上百間倉庫的其中一間。各大宗教或社區組織都有供應存糧給急需者的制度，但令我驚訝的是，摩門教會控制整個食物鏈，從最初的生產、製作、包裝到發售，所有環節全包了。兩位修女告訴我，倉庫裡的食物多數由教會所屬農場生產，送到教會所屬工廠製作、裝罐、包裝，最後再由教會所屬的貨運公司分送到國內各地。

導覽第二站是罐頭廠，許多身穿白袍頭戴網帽的專業志工正進行裝罐作業，不停攪拌著一罐罐的番茄、湯品和義大利麵。接著看到一個同等規模的烘培坊，員工從高聳的筒倉取出穀物，製作上千條土司、麵包等烘培物。另外還有一個工業乳品廠，將猶他州普若佛市的七千多頭摩門教乳牛的乳汁運來製作成不可思議好吃的優格、乳酪、巧克力牛奶和布丁（可以免費試吃）。

還有超級市場。受領福利者可依主教發送的購物票在此「購買」所需產品。另外還有教會的貨運樞紐中心，大批貨車進出，將食物運往全國各地的次級倉庫。還有二手衣物店，它收受舊衣物並轉賣出去，這間二手衣店已經具備零售店的規模，一點也不像典型的二手慈善機構。還有還有，有個全能的就業中心。這個組織規模龐大得驚人。

導覽過程中，修女們多次提到「自力更生」跟「不是施捨」的概念，多到我都會背了。廣場內處處可見他們的座右銘：「培養自力更生的能力」。摩門教義中很明確的原則就是，其福利計畫目的為「助人自助」，所有受領福利者通常都在場內做志工服務以換取福利。這是極度典型的美國福利制度原則。

其實了解摩爾門福利計畫後，大概就能理解這個社區的人們為什麼如此快樂了。國際比較研究顯示，提供穩健官方社會福利制度的國家居民，比缺乏完善安全網的國家居民來得快樂許多。這也不難理解。[6]你要是一直提心吊膽地過生活，整天擔心跌倒了也沒有人會扶你一把，生活所帶來的低度焦慮就足以吞噬幸福感。而相較於歐洲的福利制度，美國的福利及醫療安全網根本單薄得可憐。參觀過福利廣場後，很容易就能理解一名積極參與教會活動的摩門教徒心理，他受福利照顧的程度大概等同於北歐斯堪地那維亞半島（包含瑞典、挪威、芬蘭北部）居民般周全。

這種程度的保障不僅使人心情愉悅，還真的能提供人們更多機會與更好的生活品質。儘管人們深信著美國夢，但仍有許多研究顯示，美國是已開發國家中社會流動率最低的國家之一。跟其他國家相較，美國的窮苦孩子長大後多數維持困苦生活。[7]但在猶他州，特別是鹽湖城的居民，因享有強健的摩門社區及其穩固的替代福利計畫，得以反其道而行。鹽湖城的窮困孩童比美國任何其他地區的窮困孩童更有機會長成經濟穩定的成人。該地區的社會流動率已達丹麥的標準，也就是已開發國家中的最高標。[8]

隔天早上就是新娘單身派對的日子。我七點就醒來了，史蒂芬跟蘿拉家安靜得詭異，那晚大概是我四年多以來睡得最安穩的一晚。我摸索到廁所去，想趁沒人發現再溜回去睡回籠覺，竟然看到四個孩子都已經醒來在工作了。他們勤奮地洗刷浴室跟拖地，動作宛如舞蹈般和諧，像是電影《真善美》的漏網鏡頭。

我只好走向廚房。這裡不能喝咖啡：摩門教徒禁止含喝咖啡因的熱飲，我不太確定是否適用於訪客就是了。我偷偷從包包裡拿出茶包來泡，把泡過的茶包埋進垃圾桶裡，罪惡得像在藏毒針一樣。快速吞下最後一口茶時，他們全家人都集合到廚房來，展開例行的讀經與禱告。他們說每天早上都必須如此，連平日急急忙忙送四個孩子準時出門上學前，也都要讀經與禱告。（每天早上四點半，史蒂芬自己在全家人都還沒醒之前，就已經先起床讀經。）

奇怪的是，這時我卻想起家裡那兩隻吵吵鬧鬧又髒兮兮的孩子，還有充滿意外的混亂生活。我看著他們家，雖然覺得自己身為母親失職又失控，卻又同時因井然有序的生活感到壓抑。我突然發現，生活中最令人快樂的事情大概都是從「管他去死」或「隨便啦」延伸而來的。

全家人投入準備午宴的結果就是，到了中午，花圈都掛好了，沙拉也都做好了，手工著色的白、銀色餅乾也都包裝好了。客人開始出現，都乖乖地將鞋子脫在門口以保護嬌貴的地板。

我到處穿梭跟客人閒聊，卻突然有種奇怪的感覺。我覺得自己好像在看一部電影。這些客人們全都扮演著女主角人生中的不同年紀及階段。客人們全都是女性，年紀從十八歲到八十一歲都有，而年紀似乎就是她們之間唯一的不同之處。她們都過著一模一樣的人生，只是大家正站在不同的時間點罷了。

我聊天的對象都是全職媽媽。她們可能正在當全職媽媽，不是一畢業馬上就當全職媽媽，就是已經退休的全職媽媽。有一名例外，就是花蝴蝶般的前猶他州州長夫人，她老公後來還去布希內閣任職，但其他人都有四個以上的孩子，她們的老公都非常優秀傑出，不是醫生就是律師，還有一位是建築師，專門設計摩門教會童話般的公主城堡聖殿。

所有人看起來都很悠閒自在。史黛拉面帶稚氣，像個剛度假回來的二十五歲少女，她幾個月前才產下第四胎，寶寶也跟著出席。另一位跟我年紀相仿的太太已經生了七個孩子，最小的跟賽飛一樣大，她看起來有點緊張，眼神飄來飄去，但一點都沒有我想像中的七寶媽應該出現的崩潰面貌。另外幾個人還提到一位無法出席的太太，說她正在中國領養孩子，而且她自己已經有八個孩子了。

我不斷重複我的問題：「妳怎麼辦到的？」我不是隨口問問而已，我真的想知道。我需要一份拆解每分每秒步驟的指示圖，最好還可以進行家訪諮詢。其中一位被我訪問的八十一歲老婦人，態度和藹可親又有智慧，她已經有八個孩子跟數不清的孫子和曾孫，她回答我：「妳自己不是也有兩個孩子嗎？」

「是的。」

「他們也占據了妳所有的時間？」

我點頭如搗蒜。

「妳也沒有更多時間了，八個孩子不過只是分占那點時間罷了。」

這個邏輯也沒錯，但我後來還發現，她在養育八個孩子的過程中，還出版了七本家務管理相關書籍。蘿拉後來送我一本，讓我帶回家拜讀。書裡有段寫到「每個女人的針線籃」，不開玩笑，真的是在討論裝針線的籃子。

我不斷問她們是否對現況滿意，想逼她們承認自己並不快樂，卻徒勞無功。她們反而疑惑地看向我，說出「這是一種恩典」，以及「我感恩有幸能在家陪伴孩子」之類的回應。

我也跟新娘子最要好的姊妹聊天，她叫貝姬。貝姬目前就讀於摩門教會設立的楊百翰大學，她說晚上幫安娜貝爾準備了驚喜單身狂歡趴。「妳們要去哪？」我百思不得其解地問她，很想知道狂歡趴不能喝酒、看脫衣舞孃或配戴假陽具頭飾，還能幹麼？

「我們要去跳鋼管舞。」她回答。

「真的？可以嗎？」我很好奇。

「摩爾門經文中，並沒有特別提到鋼管舞。」她的措辭小心而謹慎。

我的同類們都滿臉塗滿抗老面霜、穿著束腹在三十多歲慷慨就義結婚去，安娜貝爾則頂著棕色秀髮與陽光笑容，幸福洋溢，難掩興奮之情。相較之下她根本就像個兒童新娘。我好想念故事書給她聽，幫她蓋被哄睡喔！

我想抓著她大喊：「不！不要因為這是唯一能做愛的方法，就趕著結婚！多出去玩，多認識一些男孩，去給我到處亂睡！建立自己的事業，去旅行，好好享受人生！不要還這麼年輕貌美就把自己綁死在男人和孩子身邊！」

但我又不得不承認，我今天認識的所有女性，都正走在安娜貝爾即將走上的人生道路上，而她們每個人都看似幸福又充實，至少表面上是如此。

我一直想著昨天史蒂芬說的話，關於他所認識的太晚婚的紐約女性，而我也真的不得不承認，他所說的話或許也有點道理。我身邊的朋友都已經有孩子了，但確實很多人都經歷過一番掙扎與努力。我跟奈爾並不是唯一花費十幾萬進行人工受孕的夫妻，而且我們還算是幸運的。我知道有些人一直無法獲得渴望的第二個孩子，甚至連一個孩子都無法成功。當我們破壞卵巢和掏空存款獲得孩子之後的十幾年，我們卻不斷抱怨孩子讓我們不快樂。如果二十二歲就生了孩子，或許就不會這麼強烈地覺得自由都被剝奪了吧！

或許今天遇到的這些女性之所以快樂，正是因為她們並沒有太多選擇，她們不用煩惱應該如何抉擇，因為她們一直跟隨著上帝的腳步，走在上帝安排的道路上，萬能的主替她們選擇了啊！或許，人生道路有可遵循的藍圖，就足以移除人們追求幸福路上的焦慮障礙，而我認為安娜貝爾在踏入柴米油鹽之前，應該好好享受至少十年的自由、性及酒精的想法，不過是自以為是的偏見罷了。

畢竟，最讓我過不去的並不是早婚這一點，而是摩門文化中，性別角色分工的不平等。

當然，也不是所有摩門女性都是全職媽媽。特別是猶他州以外的摩門女性，也有很多職業婦女或未生育的女性。而且說實在的，史蒂芬也不是那種五〇年代的傳統大男人，只負責喝酒跟轉遙控器。他其實非常投入父親這個角色，並且跟蘿拉兩人一起分擔家務。史蒂芬也不斷指出，女性並非為了服務男性而存在，他認為男女應該共同付出，在各別的角色中受到同等重視。

但我實在不信這一套。摩門教會的官方文件明訂了家庭關係及性別角色：「父親應主持家庭、肩負家人生命所需及保護責任，母親則主要肩負生育孩童之責。該兩項神聖的任務執行之時，父母親有義務以平等夥伴的身分協助彼此。」

我聽過這個「不同但平等」的論調，討論性別角色及種族議題時都會出現這個基調，但我總覺得它不夠真誠。先不說這份文件提到，父親應「主持」家庭中的「平等夥伴」關係（而且，請謹記摩門女性不得擔任教會的最高榮譽職牧師職）。當然也有許多人，不論男女，自行選擇後都很享受全職育兒的角色。但統一指派一個性別以肩負所有低端、滿足他人需求的家庭責任，而另一個性別則有機會實現自我、在寬闊的世界裡享受經濟獨立，這樣的分配對我來說，不只是「換個角度看待平等」就能說得過去的。

在家育兒這件事情常常被過度美化（通常都是沒有經歷過的人說的），但其實許多研究證實，全職媽媽罹患憂鬱症的機率高於職業媽媽及沒有生育的女性。且全職媽媽更容易用「憤怒」、「悲傷」及「脫節」等字眼形容自己。9

午宴結束後，我急著跟史蒂芬說這些看法。

「我懂妳的意思，但沒有妳說的這麼簡單。我們認為這是上帝的旨意，不是我們自己決定要相信什麼就可以的。」史蒂芬回答。

這個週末以來，史蒂芬第二次婉轉地跟我說，他覺得我太自以為是，以及摩門女性不需要我這種外人來告訴她們不要接受壓迫，因為她們自己根本不覺得被壓迫啊！我回他，整個摩門教領導階層都是白種老男人組成的，摩門女性在教會裡根本沒機會發言。好啦，我承認我也沒禮貌。

史蒂芬說，他多年前參加摩門大學留學計畫時，認識一位摩門教內部極少數的女性主義倡議者之一，她的名字是愛米莉．巴特羅（Emily Butler）。他認為我該見見她。他傳了簡訊詢問她是否願意見我，而她也立刻回訊邀請我去她家聊聊。

愛米莉住在猶他州的普若佛市，距離鹽湖城約四十五分鐘的車程。普若佛被公認為「全美最快樂的城市」，它也是全美最高密度的保守派共和黨鐵票區。（快樂數據又再次證實，是我誤入歧途。）我開車穿越普若佛郊區尋找愛米莉家，那兒的街景彷彿電影《楚門的世界》（*The Truman Show*）的翻版，這大概是全美國最不想看到激進女性主義者的地方吧！

我終於抵達愛米莉家。她家很溫馨，但就只是一間沒有特色的郊區住宅。她說，這曾經是百萬富翁史蒂芬．柯維（Stephen Covey）的住所。史蒂芬．柯維還是個虔誠的摩門教徒，也是當年最暢銷的心靈勵志類書籍《與成功有約：高效能人士的七個習慣》（*The Seven Habits of Highly Effective People*）的作者。她帶我去看了一下柯維的書房，柯維就是在這裡打造他的億萬事業帝國，書房原封不動地保留著。它其實是就利用地下室空間打造出來的典型一九七〇年代風格「男人窩」，小得令人窒息。高效能人士沒有透露的第八個習慣，大概就是要窩在像滑雪屋的房間裡工作：沒有窗戶、木牆，也沒有鋪滿長毛地毯。

愛米莉的先生及三名子女剛好在樓下，她帶領我們彼此認識。我突然發現，這個週末以來我的觀念已經大幅改變。以前，我的倫敦友人生下第三胎時就讓我覺得不可置信了。而今天在猶他州，這位只有三個孩子的太太被史蒂芬定位成沒有小孩、刻薄的紐約職業婦女。

愛米莉是我這趟行程中遇到的第一位不是全職媽媽的摩門女性。她本來是企業律師，現在則專門寫青少年小說。她的原生家庭裡共有七個孩子，家族史可追溯至約瑟夫·史斯密時期。愛米莉自小就在教會社區內長大，至今仍為積極成員。她每週出席禮拜活動，每晚睡前都跟孩子一起讀經，但她的許多思想都不符合摩門教主流教義。

「我在各方面來說都算滿積極的女性主義者。」她一邊說，一邊喝著草本茶。那杯茶顯然違反了摩門教的「禁熱飲」規則。「我大概四年級的時候就覺得不對勁了。教會裡的多數女性都很安於這個父權體制，他們認為女人應安身於家裡，他們把持家育兒視為榮譽。」

我問她對於教會將男女定義為平等夥伴這件事的看法，是否真的只是扮演不同角色的平等夥伴呢？

「我知道許多摩門教女性覺得自己在家庭中的貢獻備受重視，但平等不只是一種感覺，平等是可以量化的。妳或許覺得自己被重視，可是妳並未受到平等對待。」她小心地回應。

「我的孩子們受洗時，是我先生祝禱他們的。當時我內心很掙扎，除了製作流程表跟彈鋼琴，我什麼都沒做。」她看起來很悲傷。

聽她這麼說，我感到困惑了。我不能理解，既然她的觀點跟摩門基本教義如此不同，她為何還要待在教會體系內？我忍不住問她。

「他們是我的族人，在他們之中我才有歸屬。我需要這種歸屬感。年紀愈大，才愈了解歸屬感的重要。社群裡的許多關係是沒辦法割捨的，我們或許在基本觀念上有許多差異，但萬一遭遇不幸時，我知道我能夠依賴這些人。只是感覺有點像是被困在不和諧的婚姻關係裡，日子很難熬也經常受傷。」

我問她是否會考慮離開教會。

「可能吧，但我被請出教會的機率比較高。假如我過度挑釁的話，大概就會被請走了。」她回答。

愛米莉說得沒錯。近期有幾個被驅逐出教的案例，都是因教友高調倡導非主流觀點而遭逐出教會。約翰・德夫林（John Devlin）就因在廣播節目上倡導同性婚姻而被逐出教會；摩門教會內超過十二歲的男性都會被自動授予牧師職，但女性不得擔任牧師職，女性主義者凱特・凱莉（Kate Kelly）因鼓勵摩門女性爭取擔任牧師職而被趕出教會大門。摩門社區之所以成功的部分原因，大概就是因為他們嚴格控制教友的思想與行為。

我開車離開普若佛回史蒂芬及蘿拉家，這個美國最快樂的城市在我的後視鏡裡逐漸縮小。愛米莉說的話還在我腦中迴盪著：「平等不只是一種感覺。」這根本是當頭棒喝。我真想知道，沒有平等的社區是否真能快樂？如果每個人的立足點不平等，成功的機會也就不平等；沒有平等的基礎，獲得快樂的機會也不平等了。摩門教對於性別角色的立場，根本就是最核心的問題。

我不禁想知道蘿拉對這一切的看法為何。她一直忙著準備午宴，我一直沒有機會跟她好好坐下來聊天。身為全職媽媽、花圈製造商、熱情的教會志工、新娘單身派對籌辦者，她就是活生生的摩門教會女性典範。但就我這個週末的觀察，感覺案情可能沒有這麼單純。

大家急急忙忙地掛吊飾、切菜籌備午宴時，一度談到墮胎這個議題。自由派的女性主義者跟美國虔誠保守派聚在一起，好像非得聊聊墮胎不可。史蒂芬重申摩門教義的官方立場：任何非因強暴、亂倫或危及母體生命的原因而中止妊娠都是道德錯誤。我沒有追究這一點。我雖然不同意史蒂芬的看法，卻認為還算有道理，甚至可算是高尚的觀念。我知道支持生命權對於許多宗教人士來說是多麼地神聖，我根本不想再多費口舌跟他辯論或試圖改變他的想法。

但就在這時，蘿拉意外地插話了。她說，從個人選擇權角度看的話，十二週的妊娠週期內選擇墮胎也算是可以接受的道德範圍。我知道對於虔誠的摩門教女性來說，這是一個多麼高爭議的立場，史蒂芬顯然也感到非常震驚。我很明確地感受到他的沮喪，他整天不停繞回到這個話題，這件事情使他不得安寧。

因此我才覺得，蘿拉的背後應該也有許多故事。我很好奇，也想知道她對教會的家庭及性別角色立場有何看法。

當我們終於找到機會坐下來談話時，她告訴我：「我長大的過程中，一直認為男性是享盡優勢的性別。我想成為男人，也因此多年來感到很痛苦。」

「我們結婚的前幾年，我過得非常辛苦。我覺得真的太早婚了，因此非常掙扎。對女性來說，我們必須在新婚當天，從全身包緊緊的貞潔少女直接被抱上床，這很難接受。而男生，他們也已經等一輩子那麼久了，觀念都偏差了，他們甚至覺得『這是妳欠我的』」。

「我覺得好像每個認識的女性都說『我嫁給我最好的朋友』或『我享受婚姻』。我只覺得：『真的假的？他是妳最好的朋友？』我跟史蒂芬是整天都在吵架啦！感覺好像沒有類似的幸福感言就是妳不夠努力。我們有時候恨死對方了，可以持續好幾天吵架。結婚才四個月，我就跑去跟我公公說，我要跟史蒂芬離婚。」

蘿拉說，她跟史蒂芬結婚時，她才剛被錄取進入戲劇學院。但她正在等開學時，就發現自己懷孕了。她採用兩種避孕措施，卻還是中獎。

「我覺得我的人生被剝奪了。我有避孕，我以為還有十年的時間做想做的事。我還想去念戲劇學校，還想成為老師。我整個人充滿怨念，持續好幾年都這樣。」即使二十年後，她的語氣還是透露著痛苦。

摩門教會說，孩子出生後女性就會本能地母愛爆發，對初為人母的蘿拉來說並沒有這麼簡單。「母性這件事對我來說並沒有來得那麼自然，他們把艾瑪抱來躺在我胸口時，我並沒有立刻感受到情感連結。我陷入產後憂鬱。」

「我還記得有一次，她還很小的時候，我得去店裡買東西，我看了她一眼之後就開始大哭。妳懂嗎？是那種生氣的哭，因為我得找人看她，不然就要帶她一起，這兩個方案對我來說都根本行不通。一直到了她一歲左右吧，我看著她，才開始感受到所謂的充實與成就感。」

這位媽媽說著她初為人母時有多麼辛苦，但她還是生了四個孩子，而且還全職在家將他們都拉拔長大了，這個任務多麼艱鉅，我問她是怎麼辦到的。「其實這都是摩門教會對女性的期望，四個孩子是最基本的。我要不是從小就信摩門教，大概也會有自己的事業，當個職業婦女。全職在家帶小孩不會是我自發的選擇。」「從各方面來說我都過得很辛苦。每個人都期待妳成為一位母親。假設妳的人生專業或技能已經被設定為當個『母親』，真的很難向別人承認妳沒那麼在行。如果我還有個專長，可能會覺得『反正我還有其他能力』，但在這個宗教文化裡，我的身分定位只能是『母親』了，這真的很痛苦。」

蘿拉沒有事業，只好投入更多時間擔任志工，作為出口。她說：「我後來過量投入志工活動，這好像是比較能夠『被允許』的工作。」

「被誰允許？」我問道。

「對我跟史蒂芬來說都比較能接受。」

「史蒂芬會介意妳去工作嗎？」

「他是不介意去工作這個概念。但是如果我去工作，勢必會增加我們家庭生活上的壓力。我想他應該會介意這點。」

我問蘿拉，如果能重新來過，她會選擇其他生活方式嗎？是否後悔太早婚？還是會選擇去工作而不是在家帶孩子？她想了好一會兒才終於回答。「我覺得還好我做了這個選擇。這是我自己堅持下來的選擇。現在孩子都大一點了，我也已經不再是那個淚眼汪汪的無助媽媽。我花了好幾年時間羨慕那些去念戲劇學院的朋友，但她們現在都四十幾了卻還單身，身邊也都沒有好對象，反而變成她們轉過來跟我說：『妳真幸運已經成家了。』」

蘿拉說，她對抗憂鬱症好幾年了，情形時好時壞。她的情況也將我帶向一些有趣的研究，研究結果顯示，摩門社群中，跟她相同的情況其實普遍得驚人。

研究數據也有點怪異。摩門教徒通常被評為全美最快樂的一群人，但猶他州的摩門社群卻也是全美抗憂鬱症藥物用量最凶的一群人。製藥公司發布的報告顯示，猶他州服用抗憂鬱症處方的比例是全美平均值的兩倍。[10]（更普遍的趨勢顯示，美國境內信仰愈虔誠的地區，服用抗憂鬱症藥物的比例愈是高出平均值。）美國心理健康組織的研究結果也顯示，猶他州是美國境內憂鬱症比例最高的州，[11]而美國疾病與管制預防中心（CDC）的研究則指出，猶他地區出現自殺念頭的人，比美國境內任何地區都來得高。12

摩門教徒同時是最快樂、卻也是最憂鬱的一群人，這真是個詭異又難以解釋的矛盾現象。或許快樂跟憂鬱都是事實，社群內設定了明確的界線與期待，可能為多數能融入的成員帶來極高的幸福感，但對於少數被迫接受者來說，卻只覺得沮喪及被邊緣化。或許大家都只是因為吃藥才快樂，當然或許還有其他因素。

猶他州摩門社群高度憂鬱的研究發表之後，許多專家推測，該現象或許是因教會要求成員（特別是女性成員）必須積極參與活動所帶來的壓力及焦慮所致。

ABC電視台記者訪問猶他心理學協會前主席寇帝斯・肯寧（Curtis Canning），對於猶他州居民出現的高度憂鬱比例的看法時，他表示：

> 摩門文化中，女性必須接受她們的使命。她們應該永遠笑著面對家庭成員，她們應該滿面笑容地為生病的鄰居煮晚餐，然後伺候下班回家的先生。別人家的太太也都在做同樣的事情，大家暗地裡比賽著誰是最佳模範。女性必須戴上完美面具當個賢妻良母。她們不能哭、不能憂鬱或難過。

摩門教女性即使在高壓或不快樂的情境之下，還是必須端出笑臉，這一點在許多網路匿名論壇上獲得共鳴。

Reddit上一個擁有兩萬兩千五百名粉絲的「前摩門教徒」社群裡，就經常有人提到「無法接受摩門女性不能展現不悅或負面情緒」這件事。

有人寫道：「年輕女性幾乎是被硬性要求必須表現出喜悅。當內心痛苦時卻必須戴上快樂假面，真的壓力很大。這根本就是要求人們不得誠實展示情緒。以前我就必須在難過的時候保持笑容滿面，根本是要我的命。」

另一篇貼文寫道：「因為教會教導我們，遵循真理就會帶來快樂。所以如果你不快樂，一定是你沒遵循真理。我過去因擔任傳教士而罹患憂鬱症，但我不敢寫信回家訴說我的痛苦。我很自責，認為我這麼痛苦一定是因為我是個糟糕的傳教士。」

這不禁讓我懷疑，或許摩門教徒根本沒有比較快樂，只是面對研究調查時，他們認為必須給予正面回應。

之後我又問蘿拉，是否也曾感受過這種「即使辛苦也得展示快樂」的壓力？

「當然，假裝快樂本身就是摩門文化中的一項美德。不管你正經歷著什麼可怕的事情，你都應該要感到快樂。好像必須賦予每件壞事正面意義，這根本爛透了。

我想，排除信仰因素，我的個性也是這樣，會跟他人比較然後不論如何都只展露笑臉。但在宗教文化壓力之下，你被告知必須快樂，『快樂就是你的目標』，這又是另一個層面的期待了。」

猶他谷大學行為科學學系主任克里斯・多泰（Kris Doty）博士針對這個議題進行深入研究。她用一年的時間訪問罹患憂鬱症的摩門教女性，試圖釐清致病因素。研究結果顯示，導致憂鬱症的主要因素之一，就是所謂的「完美主義毒藥」。

多泰本身就是積極的教會成員。她之前曾在公家及私人醫院擔任社工及心理諮商師，更曾在繁忙的急診室協助危機處理。我有次終於逮到機會跟她通上電話，她跟我說她在急診室工作的那段時間，發現一個令人擔心的趨勢。幾乎每個禮拜天，做完禮拜後的幾個小時，急診室裡就會出現充滿焦慮、憂鬱及自信低落的女性。

「她們不斷拿自己跟教會裡的其他女性比較，大家看起來都是完美媽媽，身材完美，幸福美滿。我記得有一次，在母親節當天，有位來急診的女性出現急性憂鬱症狀。她說教會裡的互助小組會議上，每個人都在分享自己是多麼稱職的母親，她愈聽愈覺得自己無法勝任母親這個角色。」多泰說。

多泰後來進入學術界，她的主要研究領域就是摩門教女性及憂鬱症的關聯。她的訪談結果在在顯示，女性因面對著超高標準的期待而感到不適任。

「我們心裡都有個理想的形象，不管是當個完美的媽媽還是任何角色，都是。但當全職媽媽對很多人來說是很辛苦困難的，對我自己也是。除了這個角色本身困難，妳還得符合妳所屬文化對妳的期待，教友們期待妳成為完美的摩門教徒或完美的持家太太，其他文化並不會這樣要求妳。」其中一位受訪女性說道。

多泰不斷強調，這是一種文化現象，而不是摩門教義對女性的要求。「教會並不會要求我們完美，但摩門社群中卻有這樣的文化存在，特別是針對年輕女性。年輕女性不應犯錯。」

「大家都戴上一副對外的公關面具，遮掩真實表情。她們心事重重，可家醜不能外揚，因此沒有人能夠敞開心胸好好生活。」

從許多方面看來，摩門社群正因為對教友們設立了超高期待跟明確界線，才能一致且穩健地發展，但那些無法或者不願按規矩行事的教友，下場都挺悲慘的。

我在加州跟幾位朋友透露我將拜訪猶他州以了解摩門教時，一位老朋友丹跟我說，他就是在教會制度下長大的，二十歲左右就脫離教會了。我問他原因，他只說覺得太過壓抑及沉悶。他說得不多，卻給我蓋瑞的聯絡電話，他叫我去跟蓋瑞聊聊就會懂了。蓋瑞去年剛滿四十歲，歷經一段長達十五年的異性婚姻，生了四個孩子之後，他終於出櫃承認自己是同性戀。

蓋瑞已跟妻子分開，但他仍住在鹽湖城。他同意在我返回加州之前喝杯咖啡聊聊。他找的咖啡店，就在摩門教旗艦聖殿對面的購物廣場裡。這座摩門教聖殿的建築，比我幾個月前在奧克蘭拜訪的聖殿更花俏，更像個華麗的迪士尼城堡。蓋瑞背後的咖啡廳窗外可見鍍金的莫羅尼天使吹著小號角，活像個警示。

「他們稱這裡為快樂谷，大概是因為每個人都在吃抗憂鬱藥。」我才到沒多久他就這麼跟我說。

摩門教會的正式立場是，有同性戀傾向沒關係，但不得有其他行為。教會禁止婚外性行為，同時也不承認同性婚姻，這個邏輯巧妙地避開恐同指控，卻得以正當禁止同性性行為。對於某些人來說，這根本就是個特製的牢籠。

「我是在教會中長大的。父母兩家人的家族史都可追溯回約瑟夫．史斯密時期。教會就是我的人生。每週一固定是我們的家庭日，週三是青年小組聚會，童軍活動也隸屬教會，每週日還要上三個鐘頭的教堂。我的父母並不專制，他們不會說『你必須參加』，但這就是我們的例行生活。」蓋瑞說。

蓋瑞是家裡五個孩子中年紀最小的。大約十幾歲的時候，他就發現自己比較受到男孩的吸引，他竭盡所能地壓抑這個本能。「我獨自承受這個祕密。我一樣跟女孩子約會，也一起參加畢業舞會。我學我哥，他做什麼我就做什麼，但我總覺得這些女孩比較像好朋友。我知道我必須壓抑其他感受，我不應該變成那樣的人！」

雖然蓋瑞說他二十一歲時就已經很肯定自己的同性傾向了，他還是在二十三歲的時候踏入婚姻。他的第一任妻子跟他有許多共同點，他們是大學表演團隊裡的舞者跟歌手，「我以為我只要跟女性發生性關係後，就能導正我的毛病了。」

毫不意外地，蓋瑞受到同性吸引的情況並未改善，反而愈來愈強烈。在他的第一段婚姻中，蓋瑞開始溜去戲院看成人電影，偶爾也會去同志場合溜達，尋找跟男人發生性關係的機會。他每次回來都充滿罪惡感，最後他終於忍不住跟太太攤牌。「她也是耶穌基督後期聖徒教會教友，但比較偏自由派。她媽媽也有個朋友是女同性戀，所以當我向她坦承時，她鼓勵我好好做自己。『你是同性戀，那就好好當個同性戀。』」

他的妻子後來打電話給蓋瑞的父母，告知他們大致的狀況，蓋瑞父母並沒辦法像她一樣坦然，無法叫蓋瑞「好好地當同性戀」，他們嚇壞了。「我父親說，沒關係，這種事情不用跟別人說。」

蓋瑞說到這裡，我以為他終於可以展開真實人生了。美國的文化鼓吹著「實現自我」的價值，因為「對自己誠實」是最不具爭議的一項人生使命。我這一代的年輕美國人此時一定會跟父親說：「我就是這樣，你自己想辦法接受。」

但事情沒有這麼簡單。蓋瑞不是害怕反抗，他骨子裡壓根同意父親的想法。他說：「我一直試圖釐清自己到底有什麼問題？到底要怎麼停止這些行為？怎麼停止這些渴望？我整個人快崩潰了。」。

結果他轉向主教懺悔尋求指引，而主教也是急著解決問題。「他說：『說不定換個老婆問題就會解決了。』」蓋瑞回憶道。

「你怎麼會聽他的？同性戀就是你的一部分，要怎麼『解決』？」我問他。

「是，但教會也是我的一部分。我當時熱愛教會，我到現在還是熱愛它。我當時非常堅決一定要解決自己的問題。」

蓋瑞為了逃避問題，決定遠赴日本工作展開新的人生。離婚手續辦妥約莫三週後，他就開始跟第二任妻子米蘭妮約會。在他們約會的期間，他仍然不停尋求與其他男性展開心理或生理接觸的機會。他說：「我真的好想停止這些作為，可我就是沒辦法。我一直覺得自己好糟糕，我必須要停止。」

令我滿驚訝的是，蓋瑞並沒有向米蘭妮隱瞞他的同性戀傾向。他說：「我從一開始就老實跟她說了，她很清楚我的態度。她也是耶穌基督後期聖徒教會教友，當時已經二十五歲，都算剩女了，她必須積極找結婚對象。她也知道我持續跟男性約會，她甚至知道他們的名字。她當然會難過，但是她也知道我確實是個老實的耶穌基督後期聖徒教友，條件也很好。我一開口求婚，她就答應了。」

急著展開符合教會規範人生的兩人結婚了。婚後蓋瑞仍然持續跟其他男性發生性關係。最後米蘭妮忍不住打電話給蓋瑞的父母，說道：「你們的兒子麻煩大了。」在蓋瑞父親的督促下，蓋瑞跟米蘭妮搬回猶他州生活，還生了四個孩子。即使在摩門教會及周邊家庭環境的督導之下，蓋瑞還是無法壓抑本能。

這段期間，蓋瑞好幾次向主教尋求協助。他們建議他加入「長青團體」。這個團體主要提供心理諮商給「不想再受到同性吸引及克服同性戀行為者」。

為了把自己給掰直，蓋瑞大概花了數百個小時及上千元參加個人及團體心理諮商。不管做什麼都沒用。他老實沒多久，頂多幾個月吧，就又開始到三溫暖或其他可能跟男性發生性行為的地方鬼混。每次結束後他都萬分懊悔，又再向主教懺悔。「他們就是一直要我讀經、禱告、再試試。」

蓋瑞最後因通姦而被逐出教會。之後有一段時間他又再次受洗，卻從未再被授予牧師職。「若要再被賦予牧師職，我必須維持數年的『清醒期』不得發生類似性行為，我的最長『清醒』紀錄也才維持九個月而已。」

「我覺得是我自己活該，我是個糟糕的人。我太太把耶穌基督後期聖徒教會的《家庭聲明宣言》裱框掛在走廊裡，我覺得我也應該符合那個框架。我給自己好多壓力，我真的努力過，真的。跟打仗一樣，不停壓抑、壓抑、再壓抑。最後變成憂鬱症。什麼抗焦慮跟抗憂鬱藥物，大保鮮袋裡裝得滿滿的。」

最後他太太終於受不了了。有次蓋瑞跑去同志健身房，卻騙她去慢跑，她抓到後跟主教約時間帶蓋瑞去會面，蓋瑞這次終於也崩潰了。「我們坐在那兒，主教又開始講那些術語，意思就是我又要再次被逐出教門，又必須再接受教會法院的審判等等。我腦子裡開始出現查理．布朗般的自白，直覺我真的受夠了。我知道自己待不住了。」

我跟蓋瑞碰面的時候，他已經跟太太分開一年了。他們分開後，他沒有再服用任何藥物。他交了新的男友，看起來很輕鬆快樂。他穿著緊身上衣，皮膚晒得黝黑，身材練得完美。

儘管如此，他竟然還是懷念著以前在教會的日子。他說：「我還是希望能成為教會的一員，那永遠都會是我人生中的一部分。但是，教會真的讓我很受傷。多年來，我一直想要當好球員，但他們卻只要我坐板凳。」

＊

認識了蓋瑞跟愛米莉之後，我覺得最令人驚訝的就是，儘管在教會歷經這麼多掙扎跟困難，他們對於整體摩門教社群及教會還是充滿感情及溫暖。

蓋瑞的故事，並不像刻板印象中教會打壓異己者的狀況。他說，就連在最谷底的時候，他也從未感覺教會領袖想羞辱他。他們觀念雖然稍微扭曲卻還是努力想幫助他。蓋瑞並非因敬畏教會而不離開，單純因他熱愛教會而待了下來。

同樣地，愛米莉雖在基本觀念上跟教會有不同意見，然而教會在社群及互助角度上卻滿足了她所需的歸屬感，她也因此認為自己被踢出教會的機率遠高於自願離開。自發性的選擇，往往將人們束縛得愈緊啊！

我開車回機場的路上，試圖想要釐清這些混亂的情緒。待在鹽湖城的這幾天，讓我更加肯定社區跟周圍的人們對於快樂的影響力。我真心佩服，甚至羨慕教會所創造的精緻互助結構及社會連結。人們似乎會不計代價地維護這些連結，甚至願意犧牲個人利益。

摩門教因設立嚴謹的行為及價值規範，得以建立繁榮的社群，可是我仍然覺得很不舒服、感到壓迫。

任何一個社群裡，個人需求跟群體需求之間都勢必存在衝突。如果個人覺得必須隱藏情緒或壓抑本能，才能符合該社群的期待，也難怪最後大家都焦慮又憂鬱。摩門文化裡，人們不僅被要求要符合外在期待，還得逼自己內心也臣服，這又是加倍的壓力。

詭異的是，強調快樂文化的摩門教竟然讓我聯想到拉斯維加斯市中心，謝東尼所創立的反烏托邦酒精樂園。這也不奇怪就是了，畢竟兩個地區的人們都感受到極大的壓力，而必須要演出快樂情緒。昆士蘭大學心理學家布羅克・巴斯蒂安（Brock Bastian）博士在澳洲及日本進行大範圍研究，他們請兩國的受訪者針對「外在社會給予人們壓力，期待人們要快樂而不出現負面情緒」進行感受評量。同一批受訪者又被問及：「過去幾個月內感到壓力、焦慮、難過等負面情緒的頻率為何？」以及「負面情緒強度為何？」兩國研究結果皆顯示，受到強烈社會快樂壓力的受訪族群，感受到負面情緒的頻率及強度也最高；相較於對社會快樂壓力較無感的受訪者，他們對生活滿意度也比較低，更容易感到憂鬱。主要研究者布羅克・巴斯蒂安當時就指出：「也就是說，『當我覺得別人期待我要快樂，不可以難過時，反而最容易讓我感到難過，且情緒強烈』。」13

這項結果可能還不足以解釋猶他州摩門教社群裡的高度憂鬱現象。畢竟摩門文化已將快樂與美德、成就、虔誠度全都結合在一起了。在這種情境下，個人的辛苦處境相較於周圍的快樂美滿氛圍，更容易顯得羞恥跟被孤立。

我愈想愈覺得，不是只有這些特定社群愛表現出一副「我們幸福美滿，大家都符合社會快樂期待」的假象，其實社會上的所有人都這樣。我們不都如出一轍地對外人編寫著虛構的人生故事嗎？

註

18 哈西迪猶太教（Hasidic Judaism）是猶太教正統派的一支，受到猶太神祕主義的影響，由十八世紀東歐拉比巴爾謝姆·托夫（Yisroel Ben）創立，以反對當時過於強調守法主義的猶太教。

19 循道宗（Methodism），又稱衛斯理宗（Wesleyans），是基督教新教主要宗派之一，現傳布於英國、美國、香港和世界各地。

20 割禮是一種宗教儀式，通常是對男孩施行，將其陰莖上的包皮割去。猶太教視割禮為上帝吩咐的命令，是必須遵行的宗教行為，男孩在出生後第八天要行割禮，至今大部分猶太人都遵從這規則。一九八〇年以前，切除女性生殖器的習俗通常被稱為「female circumcision」（女性割禮），暗示其與男性割禮的相似性。直到一九九七年，世界衛生組織、聯合國兒童基金會和聯合國人口基金宣布採用「female genital mutilation」（女性殘割）一詞為描述女性割禮的術語。女陰殘割對女性一生的身體及情緒健康都是有害的，對於健康沒有任何已知的幫助。

21 理查·道金斯（Richard Dawkins），英國演化生物學家、動物行為學家。道金斯宣揚演化論，反對神創論。道金斯於一九七六年出版名著《自私的基因》，書中闡述了以基因為核心的演化論思想，將一切生物類比為基因的生存機器。

22 TaskRabbit是一個美國線上移動市場，可以將自由職業者與當地需求相匹配，讓消費者能夠立即尋求日常工作的幫助，包括清潔，搬家，送貨和勤雜工。

第七章

社群媒體的魔鬼交易

從鹽湖城回來不久，某一天，我在喬氏超市遇到艾莉絲。她應該才剛跟老公度過浪漫週末，於是我裝出嗨到爆的語調問候她，還為了措辭絞盡腦汁，要怎麼問她「好玩嗎？」而不會被白眼，我誇張地說：「假期**超棒**的吧？」

我錯了，才不棒，幾乎是一場災難。接下來的對話有夠尷尬，而且剛剛的問候根本就「他媽的超不體貼」。顯然艾莉絲和她老公整個週末都在吵架，最後陷入冷戰，各自僵在四帷柱床的兩端，盡可能地拉開彼此的距離，邊氣邊想，到底是不是只有在感情壞掉的關係裡才能體驗真正的孤寂。

但我回到家裡在臉書上看到的，卻是同一趟旅程的「社群媒體特別版」。十幾張照片，完全看不到爭吵的痕跡，取而代之的，是一對戴著遮陽帽的甜蜜夫妻，在古蹟前嬉戲的畫面。我「按讚」，她也回應了，我們兩個都不提兩個小時前才發生的對話。

這根本就是社群媒體最基本的魔鬼交易：你要我相信你臉書上的虛構故事（還被你的動態搞得很不安），我也會這樣對你。

社群媒體的貨幣就是「快樂」，是遵守生活中「不炫耀」潛規則的漏洞。臉書上線以來的短短數年，它已經建立起獨特的內在語言及社會準則，而且大多跟真實生活中的常規不同。我們似乎沒有也不用討論，社群媒體就自動成為每個人的私人公關平台。透過它，我們建立起閃閃發亮的個人宣傳故事，終極目標就是讓自己盡可能「看起來」不可思議地快樂。

臉書是個平行世界。人人事業有成、嫁得好歸宿、分分秒秒都是幸福的好媽媽，而且單身沒孩子的人都過得「自由自在」（但隨著我邁向四十歲門檻，我卻發現所謂的「自由自在」，只是社群媒體對於「不服老的女人」的錯誤認知）。

我們的文化認為，人們應該要能完全掌控自己快樂與否，也經常將不快樂的人與無能連結在一起。社群媒體恰好賦予我們創造快樂假面的能力。也因此，快樂這件事情已經不在於「我們是否覺得快樂」，而轉為文化面的「我們是否看起來快樂」。臉書讓我們全都成了摩門教徒。

我們活在一個必須精心策畫人生的年代。若妳十六歲，在臉書上貼了一張對著廁所鏡子自信滿滿的擠奶自拍照，或許能夠讓妳暫時忘記自己其實又肥又醜，和那些自暴自棄的壞感受；但到了三十五歲，當妳的胸部被臉書標籤為「不當內容」時，妳所能分享的，大概就是五年才一次的陽光假期中，躺椅上的完美水晶腳趾甲；又或者，妳的新生兒在連續七週哭鬧嘔吐的馬拉松中場休息時，妳好不容易把他埋進裝滿玫瑰花瓣籃子裡的那一刻。（在Instagram上，這些貼文還要特地加上「#無濾鏡」標籤，根本是加倍誇飾啊！沒用濾鏡喔，但只有#開到最大的人生濾鏡而已啦。）

我也沒有好到哪裡去。我也是重度社群媒體使用者（我家人根本覺得我玩過頭了）。我一看到手機上的臉書縮圖，就像看到蚊子咬得身上紅腫癢癢，非抓不可，愈抓愈癢，愈抓愈爽。

我住得離故鄉很遠，臉書常常被我當成生命線，它讓我能夠更新上百位親友的近況，不然大概要隔一、兩年才見得到他們本人。每年九月，我最愛看全球各地跟我有一丁點關係的孩子們去上學的照片，他們臉上掛著勇敢的笑容，背著背包，準備展開新生活。能夠在即時動態看到好友人生中的驕傲片刻跟新的里程碑，還是能夠重燃我們對人生的信心。

然而通常到了傍晚時分，當我已經把整個網路動態看光，就會開始自我厭惡。我有時還會在網路上跟人筆戰，跟不熟的人吵一些我不懂也贏不了的議題，最後還莫名其妙地一直偷窺他們假日出遊的照片。

我自己也在臉書上貼了太多孩子的照片，人家根本沒有興趣或者也不覺得那些照片有多可愛。每年大概都會有幾次，在我無法控制地過度使用臉書後，會覺得自己已經「臉書宿醉」了，我感到過度曝光、丟臉、不安跟焦慮。

臉書上的我像個迷你漂亮、閃亮亮的真實世界的虛擬化身，一個剛洗完澡、經過優生學改造的我。臉書上的我，跟真實的我同時在做同樣的事情，有次我帶著不斷吵鬧的孩子，在熱得要命又沒有廁所的莊園採蘋果，我的臉書化身也同時出現在看似氣候舒適且備有奢華廁所的蘋果莊園裡，跟她可愛微笑的孩子合照。

大家該慶幸的是，我錯過了臉書的自拍年代。到了臉書的全盛時期時，我已經把個人虛榮放一邊或全轉移到孩子身上了。不過，有一次我還是放了一張全家福照，雖然小索沒看鏡頭，賽飛很愛睏又臭臉，我還是忍不住把它貼上去。因為那張照片裡的我，大概是有史以來拍得最美的。燈光美、氣氛佳，造就了完美、虛構、美麗得不像我的我。所以，它注定要被貼上去啊！但至少我很節制，一堆孩子的照片裡，能看得到我的就只有這麼一張。可是，我還真的沒有臉把它洗出來貼在冰箱上！這麼說你應該就能理解社群媒體的新準則跟真實生活有多脫節了吧。

每次我檢視過去幾年的臉書貼文，或看到臉書固定跳出來的人生回顧（回顧露絲過去美好的一年！）時，我都覺得我的人生看起來幾近完美。根據臉書顯示，我從愛玩、愛喝酒的單身貴族，無縫接軌的成為新手媽咪，在眨眼瞬間又變成幸福美滿的四口之家的媽媽，唯一敗筆大概就是胖新娘穿婚紗的婚禮照。

臉書故事純屬虛構，如有雷同實屬巧合。

這真是一個跟大家分享得太多卻又分享得不夠的奇妙狀態。即便我們譁眾取寵地不停分享生活片刻，卻無法構成一幅真實生活圖像。

臉書的現象，跟其他較不知名的社群媒體呈現強烈對比。任何想要一窺真實人生的人，都應該試用其他可以匿名登入的社群媒體。家長常用的匿名社群媒體Mumsnet.com 媽咪論壇網站就是一例，它的人口組成跟我臉書上的差不多，但當臉書動態充滿可愛、乖巧、無與倫比的美好孩子照片時，Mumsnet.com上面的貼文卻是「我後悔生小孩」、「我老公不要我了」和「我小孩剛在裙子上大便」等等。

過去也曾有些人想激發人們在社群媒體上呈現真實自我，像是Instagram上的WomenIRL（Women In Real Life，真實生活中的女人）帳號，就常貼出髒亂臥房和待洗髒衣物的照片；或推特上會出現#totalhonestytuesday（週二只講實話）的標籤，要求人們只能貼出「真實」的照片（其實百分之五十的標籤照片都只是低調變相的炫耀而已）。社群媒體上這種必須精心策畫人生的文化，已經近乎普世價值，呈現真實自我的想法根本無法真正落實。

難道是我一直都缺乏自信？還是臉書害我必須不停渴求大眾的認可？

臉書簡單但又天才的計分方式就是按「讚」率，它大概是臉書成功的最大推手。來自心理最深的感受，會覺得「讚」簡單明瞭地肯定妳，像對妳說「我喜歡妳」或「我對於妳的存在或妳孩子的可愛程度，要給個藍色大拇指表揚一下」。但這個「讚」卻是個不斷膨脹的貨幣。

二〇一〇年小索出生時，他的新生兒照片非常標準：全身包在醫院毛巾裡，只露出皺巴巴的小臉和握著拳頭的小手，這張照片只有六個人按讚。六個而已！其中一個還是我媽按的。我當時也不以為意，但隨著按讚貨幣的膨脹，如果現在第一胎的新生兒照只有六個讚的話，我大概會被貼上「邊緣人」的標籤。

三年後，長得幾乎一模一樣的賽飛出生時，我也發布了一張幾乎一模一樣的照片（就連我也無法達成這種「百事挑戰」——從沒有標誌的各種可樂中嚐出最愛的百事可樂——因為兩個孩子的出生照就是長得差不多啊），但按讚的人數卻大幅上升，由此可見三年內「讚」貨幣的膨脹多麼失控。老大出生時，我在網路上的朋友數量跟現在差不多，這次賽飛的照片卻有大約一百多人按讚，這個數量我覺得還行，但也不算太多。很明顯地，我成了必須被「讚」的癮君子。以前六個讚就夠我開心了，現在起碼要五十個讚，我才會覺得正常。

當我帶孩子去上幼兒音樂課時（應該是音樂課吧，但這個社區的兒童活動，不論是柔道、芭蕾或電腦課程，基本上都只要求孩子不停揮舞彩色絲巾，結束時會有位緊張過度的成人介入，毫不掩飾其解脫心情地唱著「讓我們收乾淨」的歌），我跟幾位家長聊天，其中一位媽媽提到，她正在幫朋友籌備一場週末的「準媽媽派對」。她鉅細靡遺地跟我們分享布置細節、中性色調主題、奇怪的遊戲內容和高貴漂亮的杯子蛋糕。

「真希望到時候不用取消派對，我怕她會很失望。」她說道。

「為什麼會需要取消呢？」我問她。

「氣象預報說當天可能會下雨啊，派對當然也是可以移到室內進行啦，但這樣拍照效果很差，我現在正在努力經營我的ＩＧ帳號欸。」

多數社群媒體使用者在「分享驕傲片刻」跟「完全扭曲事實」之間劃不清界線。這真是一個奇怪的循環，我們不斷地買單然後跟著失憶。我們發布精心編輯的美好時刻，我們也知道其他人的貼文都是編輯過的假象，卻還是選擇相信他們的人生「真的這麼美好」。我們就像串通好，一起編造虛構故事，卻又對於其真實性堅信不移；就像個假扮成聖誕老公公的爸爸，在孩子的聖誕襪裡塞滿禮物，自己卻也跟著掛出聖誕襪，滿心期待聖誕老公公的到來。

這些被分享出來的完美貼文，建構出我們對美好生活的想像。我們從這些美好動態中，建構快樂「應該」呈現的樣貌，也因此我們對於快樂的定義不斷膨脹，終於創造了一個全新層次的快樂焦慮症候群。

以前不是這樣的。

我在二〇〇七年註冊臉書，當年大家還沒簽訂「國際美化生活條約」，也都還不太確定社群媒體到底如何使用。當時人們的貼文都有點笨拙，動態的更新也不那麼有把握，整體來說，還能看出個人之間的差異及獨特性。

當年，在我臉書動態上很容易區分出誰是厭世又憤世嫉俗的英國人，誰是生氣勃勃熱愛生命的美國人。就算把我眼睛矇住，請念動態內容給我聽，我也能立刻告訴你，發文者是美國人還是英國人。

美國人會貼出具啟發性的迷因（memes，指在網路一夕爆紅的事物）連結，或滿滿人生教訓的親職部落格連結，英國的親職部落格大多充滿絕望跟嘔吐物。我的美國友人會貼「女孩，加油！」之類的貼文來激勵彼此，而英國友人的狀態大部分都只是換句話說的「這些垃圾」。

美國人的臉書從一開始就像是奧斯卡頒獎典禮，大家身穿禮服懷抱玫瑰，不斷向世界宇宙致謝（偶爾還要向海地的難民點頭致意）；而英國友人的臉書動態，則像一堆人在下雨的週末逛ＩＫＥＡ瞎混，那些顏色相襯的窗簾以及整齊擺放小物的收納籃，彷彿人生縮影，整體來說，卻更像供人跟親友爭吵和抱怨的地方。當年臉書要是在英國發跡的話，絕對會有個「噁」（dislike）給你按。

但我在美國住幾年之後，發現文化差距逐步縮短了。漸漸地，我的英國友人跟美國友人的臉書動態讓我無法分辨了。

我一開始察覺這樣的改變，是從我那些從未表示有宗教信仰的英國友人們之間開始的，因為他們竟然在臉書上發布「感到被祝福」的狀態，我從來沒聽過英國人在真實生活中講這句話。花了一點時間思考後，我才發現，這根本是最新流行的宗教信仰：臉書狀態裡有一整排可下拉的情緒選項，還有適當的表情符號做搭配，大家都在用啊！（奇怪的是，好像大家都只會選擇「被祝福」這個感受。我還沒看過任何人，不論是美國人或英國人，選擇使用「超不爽」或「老了」或「茫然」，但這些也都是在選單裡的感受用語。）

沒多久，我的英國友人也都開始分享具有啟發性的照片，明信片式的夕陽照加上「快樂發自內在」等註解，還會對配偶公開放閃，或讚美他們的學前孩童。這根本像是國際一致的快樂流行趨勢，全球情緒同步走。

突然有一天，積極樂觀的波麗安娜[23]將軍在英國虛擬領土上取得勝利！我的臉書通知突然冒出一個鮮紅色的數字「1」，閃呀閃地提醒著我：妳被標記接受「感恩挑戰」喔！驚人的是，還是個英國友人標記我的。

我發現，有史以來最有效率的社交控制機制，大概就是臉書的標記。管他什麼催淚瓦斯、伊斯蘭國，還是核武裝備齊全的美國中西部交通警察，光是個社群媒體上的邀請通知，就會讓我們得手忙腳亂地灌下兄弟會特調的致命混酒，或是拚了命扮成留著蠢到爆的獨裁者鬍子的人，甚至往自己頭上淋一桶冰水。

最受歡迎的挑戰莫過於與「快樂」有關的挑戰，它能極有效率地大力傳播並推廣正面思考文化。除了「感恩挑戰」，還有「＃100HappyDays（連續一百天快樂）挑戰」、「幸福挑戰」及「正面挑戰」等。

這些都是相似主題的變化而已，都是要鼓勵大家專注在生活中的正面事物，並心存感恩，附帶的好處就是確保整個社群網絡都知道我們有多快樂。

這些挑戰其實涵蓋了不同程度的勞動密集。從最基本的「立刻在臉書上分享你感恩的事項」，到「每天分享一件事情持續一週」，或「每天分享兩件事情持續五天」。而我接受的挑戰則算是奧林匹克等級的了，得「每天分享三件事情持續七天」。（後來我還看到一個為期百日的感恩挑戰，謝天謝地沒有人要求標記我接受這個挑戰。）

我們幾乎不可能拒絕啊，忽視感恩挑戰的標記，就像是直接把大頭貼換成「我是一個享有特權、不知感恩、討厭自己的孩子」的圖像一樣。

仔細想想，這個挑戰不管寫什麼都很尷尬，隨便都會踩到「不敏感、不貼心」的地雷。

真實人生中，人們通常不會向經濟能力較弱的人炫富，也不會向剛被解僱的同事炫耀工作成就，更不會向剛流產的好友分享懷孕消息。但社群媒體卻一視同仁地向大眾發布消息，所有更新狀態都像是大眾行銷，同時發布在上百人的動態牆，每個接收訊息的人，卻都正過著不同的生活。

接受七天的挑戰後，我必須貼二十一則感恩貼文，每一則貼文都有可能不小心觸痛臉友的潛在傷口。就算不要貼「感恩：我能在熱帶海灘上度假」這種最基本款炫耀貼文，其他想得到的貼文還是很有可能跟讓正在受苦的臉友感到難過。

舉例來說，我最想感恩的對象就是我的孩子們，但我相信那些正在進行試管嬰兒療程的臉友們，應該不太願意深入了解我的喜悅。分享我的幸福婚姻生活呢？健康狀態？我腦中快速瀏覽臉友名單，想起有位朋友正在辦理離婚手續，另一位朋友則焦慮地咬指甲，等待基因檢測結果判定她是否遺傳惡性腫瘤基因。還是寫些大家都能接受的內容吧，但要貼出二十一則不同的感恩貼文，總不可能全都跟陽光和落葉相關，那難度跟幼稚園的豐收節活動同等級啊！

感恩挑戰是社群媒體文化語言的濃縮精華版，把最討厭的問題端出檯面。我不禁開始思考，這種誇大的幸福快樂感對整個社會帶來什麼影響？我們譁眾取寵地發表感恩宣言，是否是將自身快樂建立在他人的痛苦上？

研究顯示，確實如此。

臉書到底使人更快樂或更不快樂？一群密西根大學的心理學家於二〇一三年開始試圖尋找答案。他們探討的是兩種快樂：一種是時時刻刻的情緒起伏變化，另一種是對生活的整體滿意度。

學者們找來一群年輕人當受試者，在研究開始之前先詢問他們對生活的整體滿意度。接著在研究進行的兩週內，持續觀察他們的臉書使用情形，並每天傳五次訊息，詢問他們的當下情緒。這些問題包括「你現在心情如何？」、「你現在的孤單感受有多強烈？」及「你現在有多煩惱？」等。兩週研究結束後，再用研究開始前的相同問題詢問受試者他們對於生活的整體滿意度。

結果非常明顯。研究顯示，愈常使用臉書的人，能感受到快樂的瞬間愈少，且兩週後，他們對於生活的整體滿意度也下降。這個研究結果適用於所有受試者，不論其性別、自信程度、孤單感受、臉友數量及臉友支持度。研究者一開始的預設是「因果倒置」現象：他們原本假設不開心的人比較常使用臉書，而不是臉書使人不開心。研究數據並不支持這項假設，無法證實人們是因為不開心才使用臉書。[1]

相較而言，當受試者需與他人進行面對面會議或透過電話聯絡時，他們的心情會立刻改善。臉書顯然是令人不開心的原因。

這份研究並沒有明確指出原因，也沒有說明臉書如何形成負面效果。近期有更多詳細的研究顯示，問題並不是臉書本身，而是臉書的文化準則、禮儀、使用方式及貼文等造成負面效果。似乎是這種競爭性的快樂貼文及生活化妝師文化造成的。

柏林洪堡大學也針對臉書與快樂之間的連結進行大規模研究，該研究的影響力大，也獲得與前述研究相同結論。[2] 洪堡大學的研究對象為六百名以上臉書使用者，研究人員不僅證實臉書與廣義的不快樂之間的連結，更將它定義為一種「社會比較」現象。研究人員略帶詩意地為這種現象下了定義：「因為他人擁有我們想要的事物，在與他們相比較之後，產生難過與痛苦的交織感。」

社會比較理論早在社群媒體出現之前就已經有了，這是一個延伸自心理學的概念，認為人們藉由與他人比較來評斷自身價值。不意外地，當我們看到朋友成功而自己相形缺乏之時，快樂感確實會下降。

社群媒體只是讓我們更容易跟同儕比較，這個浮誇又甜膩的平台，將原本早已存在但位處邊緣的理論展露無遺：臉書不斷刺激並嘲弄人性，將人們的比較心理發揚光大於極致。

假設今天在一場真實的派對上，有人不斷炫耀他的假期多奢侈美好、孩子成就非凡或婚姻美滿無瑕，任何正常人多少都會討厭他吧。但要是他在網路上講同樣的話，人們卻會開始討厭自己。

根據柏林的這項研究結果顯示，臉書上最常造成他人羨慕之情或社會比較心理的就是度假照片。還有一個新現象排在這種比較心理後面，研究受試者表示，臉友動態所造成的焦慮因素雖不具體，人們卻會對臉友所展示的整體快樂感到廣義的羨慕及不安。奇怪的是，當同一批研究人員針對現實生活中，而非線上動態進行相同的研究時，卻發現針對他人的快樂而產生的不安全感並不存在。結果顯示，社群媒體創造了全新且廣義的快樂焦慮症。

德國同一批研究人員也定義出一種「羨慕螺旋」現象。他們指出，當研究受試者看到友人的臉書貼文而感到痛苦、羨慕、忌妒或感到自身不足時，他們出於防衛心理會產生一種「印象管理」行為。「印象管理」只是婉轉說法，其實是指受試者進而轉向在動態上強加美化自己的快樂程度。想當然爾，炫耀循環生生不息。

每個月在臉書上的貼文高達三百億則，多數都是基於炫耀心態或至少有點吹牛的發文。整體來說，臉書就是一個大舉創造社會比較心理及誘發焦慮的製造商。

這些奇怪的社會新準則所帶來的破壞力，比單純的忌妒心來得大。對一些年輕人而言，不斷被朋友IG上的完美貼文轟炸很有可能帶來令人憂心的後果。

我們都知道大學生的焦慮感已經成為一種趨勢，但近期更為嚴重。二〇一三年，一項大學心理輔導室的研究報導指出，過去兩年內，出現心理問題的學生至少提高百分之十；[3]兩年，也恰恰是臉書和IG興起的時間。有些菁英大學甚至還發生集體自殺現象。

許多因素導致大學生心理出問題的比例升高，社群媒體與心理健康之間的關聯又極為複雜，不能完全說是社群媒體導致憂鬱症或其他心理問題。社群媒體顯然也會為學生帶來一些正面的好處；也有研究顯示臉書使用者有更強大的社交能力，也比非臉書使用者有更多社會關係。甚至許多線上社群媒體還提供學生資訊，方便他們取得心理支援服務或相關資訊。

但研究大學生的專家們，卻對學生如何使用社群媒體表達強烈關切。《紐約時報》刊出一篇關於菁英大學學生逐日高升的焦慮以及心理問題，內容提到麥德森．哈勒瑞（Madison Holleran）的自殺個案。麥德森是賓州大學一年級的學生，在校表現優異且人緣極佳。麥德森的自殺案是賓大十三個月內、六起自殺案裡的第三起，光看她的IG動態完全看不出自殺徵兆，她IG上充滿笑容、歡樂和有趣派對的完美生活照。

賓大的院長顧問委員會因為麥德森的自殺案，舉辦了一場座談會，討論「賓大臉」現象（Penn Face），也就是學生們覺得自己必須戴上面具掩飾痛苦，演出完美人生的現象。這場座談會的線上文案寫著：

> 賓大人經常覺得身邊的人都過著近乎完美的人生。我們以為大家都過得很好，好到把我們壓得喘不過氣……這場座談會想提醒每位賓大人，不論他人在社群媒體上的生活多麼光鮮亮麗，每個人的人生都有所掙扎。

不是只有賓大有這樣的情形。《紐約時報》記者採訪康乃爾大學心理諮商中心主任葛雷格．埃爾斯（Gregory T. Eells），請他對大學生心理問題逐日攀升的現象表達看法。埃爾斯認為社群媒體是最大的問題所在，它創造假象，使學生誤以為大家都過得很好，都沒有掙扎。埃爾斯表示：「學生在諮商時說，他們覺得其他學生都過得很快樂。我卻常在校園裡漫步時，邊看邊想：『這個人要送醫院了』、『那個人有飲食患疾』，或『那個學生正在服用抗憂鬱藥』等。身為心理治療師，我可以肯定地說，沒有人如同外表那樣堅強或快樂。」[4]

住在維吉尼亞州的心理治療師梅格・傑（Mag Jay），專門研究青少年心理。她在《今日心理學》（*Psychology Today*）雜誌發表的一篇文章中寫道：「過去幾年，每天都有二十多歲的青年來我辦公室，輪番癱在沙發上抱怨。他們不是哀號『根據臉書顯示，我是大學畢業後全球唯一沒有投入救孤兒行列的人』，不然就是說『每次臉書上有人更改關係狀態，我就感到焦慮』，或者是『我相信臉書創立的目的就是要讓單身的人更難過』」。

由社群媒體精心策畫的、既正面又消毒過的快樂文化，其影響層面已經不僅止於我們的個人生活了。三分之一的人接收新聞和資訊的主要方式是透過臉書，也因此新聞本身的內容和語調也有了低調但顯著的改變。

二〇一二年三月，有三位社群媒體紅人，MoveOn.org的伊萊・帕瑞薩（Eli Pariser）、The Onion的彼得・科奇萊（Peter Koechley）及臉書的克里斯・休斯（Chris Hughes）發起Upworthy這個新網站。該網站立刻成為網路史上成長最快速的媒體發電機，短短一個月內造訪人數達八億人次。

跟許多數位時代的新聞機構一樣，Upworthy不再只是新聞記者的血淚採訪作，更是科學數據的分析計畫。這個網站成功的祕訣在於，它設有研究室專門研究如何強化報導點閱、轉載及分享率。Upworthy的每篇報導內容都經過精心設計，其目標明確設定為一定要「爆紅」（go viral）。

經過嚴格測試與研究，Upworthy已經可以精準訂定「爆紅」新聞故事背後的共同特徵，進而利用這些資訊，設計更多新聞內容來吸引大眾點閱率。這些研究的最終目的是為了什麼？就是為了要避免網路負面訊息。就跟我們在網上報喜不報憂的文化相符，我們選擇分享的新聞通常也都是閃亮快樂的。

伊萊．帕瑞薩在《時代雜誌》的專訪中表示：「一開始，我們認為網路充滿惡意攻擊的言論，我們覺得不應該如此。沒有人想當那個在派對角落發瘋、生氣或咆哮的人吧？在推特或臉書上應該也一樣。」[5]

Upworthy的研究結果發現一個奇怪現象。Upworthy的競爭對手，同為研究「熱門分享」起家的BuzzFeed，也發現相同的現象。人們在網上分享生活時，會精心設計一個正面、快樂、美好無瑕的網路形象。研究人員發現，人們在網上分享新聞故事時，也有相同的顧慮。

雖然數據顯示，人們點閱正面和負面新聞的機率大致相當，但正面新聞的分享率卻遠高於負面新聞，且所有熱門新聞都是正面報導。整體而言，故事內容愈正面、愈暖心，人們就愈願意看，並且願意按下分享鍵。

就如同在ＩＧ上，家長只分享學步幼童大哭大鬧時的中場休息片刻一樣，我們也只分享美輪美奐的新聞報導，那些負面、難以下嚥的報導，我們選擇私下消化。我們希望呈現的樣貌，跟我們的真實樣貌不盡相同。

Upworthy極其明確的任務，就是要兼顧「棒透了」、「有意義」及「視覺性」三點。它的天才之處，就是辨識出上述的奇怪現象，並淋漓盡致地利用它。這個網站跟其他瞬間爆紅（viral）的網路事業不同的地方在於，它不只是尋找「感覺良好」或振奮人心的傳統內容，像什麼快閃合唱團或勇敢小狗救主人之類的內容；它將既有的新聞議題——不論多哀傷、具地緣政治性、悲劇性或甚至跟種族屠殺相關——都可轉個彎改編成新故事。管它內容觀念多麼根深蒂固、不公不義或複雜多元，全都成了Upworthy的向上報導。

更驚人的是，Upworthy坦白承認，他們做新聞不只是為了提升公眾意識或散播知識資訊，而是為了要服務人們，供其在網路上建立個人公關形象。

伊萊．帕瑞薩在同一篇《時代雜誌》報導中提到：「我們在Upworthy想做的事，就是希望提供工具，讓人們可以在社群媒體上呈現有良心、有思考能力及正向力量的一面。」他的說法讓人覺得不舒服，好像在說絕望的西伯利亞人和伊波拉病危患者可以取代躺椅上的自拍照或ＩＧ上的美食照，作為人們建立個人品牌用的替代貼文。

在簡報知識共享平台SlideShare上，「爆紅背後的科學依據」這則報導中，Upworthy的編輯分享了他們的下標祕訣。他們詳細解釋了編輯背後的原理。

第四十五張簡報，爆紅背後的科學依據

兄弟，說說你媽吧！

＊事實：沒有人想讓媽媽失望。

＊雙重事實：中年婦女是網路上最大的點閱分享族群。

＊結論：如果將貼文修正到讓媽媽不會搖頭，贏面就會高一點。

之後在另一篇《*Quora*》雜誌報導中，Upworthy的另一位編輯亞當・莫迪凱（Adam Mordecai）又詳細解釋團隊採用的下標策略，該如何重新塑造全球政治狀況，才不會讓媽媽們失望。

1. 不要讓人們絕望到想放棄人性。負面標題只會導致更多負面分享。

2. 不要使用令人難以承受、分化群眾或無趣的字眼。我從不使用「社會安全」、「環境」、「移民」、「民主黨」、「保守黨」、「聯邦醫療保險」、「種族歧視」、「偏執狂」等字眼。你想討論什麼議題不一定要說得那麼清楚明白。多數人不會想看「移民」相關影片。

當新聞被脫去負面、無趣、分化群眾的外衣，只剩下你媽想分享的字眼時，可用的標題都詭異地乾淨，如下：

「他被派到阿富汗只做了一件事：為人們帶來快樂。」

「五歲孩子的誠實反應，比媒體對伊波拉病毒的反應還好笑。」

「可跟朋友分享且（希望）不會得罪人的以色列—加薩衝突影片。」

「這孩子離開我們了，他留下美好與美妙。」

褪去故事的複雜性，只留下並放大最不具爭議的部分，Upworthy的每則報導內容都只為創造一種良好的情緒反應：「大家一起點亮螢幕、舉起手機，同步揮舞！

普天同慶，天下一家！」

我們透過社群媒體取得多數新聞資訊，形成一種生生不息的循環。臉書的基本優先順序就是按「讚」數，它的演算法也會優先處理「讚」數高的貼文。臉書的十六億用戶每天按下超過六十億個「讚」。簡單來說，獲得愈多「讚」的貼文，愈容易出現在人們的動態上。臉書執行長馬克．祖克柏也已公開排除未來設計任何「噁」（dislike）按鍵的可能。二〇一三年，他在公司的問答會議中被問到這個問題，他回答：「我們認為這對世界不好，所以我們不會設計這樣的按鍵。」幾年後，媒體聽聞祖克柏可能改變想法，傳聞指向臉書工程師正在建立「噁」按鍵，但後來發現他們只是針對歐洲少數使用者，提供試用「哇」、「哈」、「大心」、「耶」、「嗚」和「怒」等按鍵。

臉書的「讚」，大概是創造社群媒體「正面優先」文化的源頭，這樣的文化不只影響我們的私人生活，更進而影響新聞本質。

對於Upworthy及其競爭對手等相關新聞機構而言，它們的主要目標已經不僅止於吸引讀者或提高點閱率，更是為了確保該新聞能取得最多臉書按「讚」數及分享率，也因此，這種剝除新聞實質內容的做法就持續不停地循環著。

「讚」算是對人類最不具威脅且最療癒人心的方式之一了。「讚」是青少年為避免被感情羞辱，用來取代愛或性或單戀等等的方法。「讚」也把新聞應該呈現的挑戰和複雜洗得乾乾淨淨。

有天我看到朋友在臉書上分享了一個當地新聞報導的連結，標題為「學校地區拒絕提供小二學童免費午餐」，內容說明有些學校拒絕提供非裔孩童應得的午餐。我這個「讚」一點也按不下去，畢竟我的政治理念並不支持飢餓孩童和種族歧視制度化。

在早餐前快速瞥過手機臉書動態的時候，我還得同時空出一隻手來預防賽飛打翻垃圾桶，說真的，我沒有時間或腦容量完整回應這件事，更不用說細數預算減少、歧視問題及窮困人們所面臨的羞辱和不公義等等。想當然爾，我什麼都沒做。但要是當時標題改為「學校地區拒絕提供孩子午餐；來看看她的反擊」，我絕對毫不猶豫就直接「讚」下去了。

人生不總是美好，故事也不一定都有好萊塢式的完美結局，而大多數飢餓學童也沒有足夠資源做出反擊。現實世界的新聞事件大多複雜、根深蒂固且令人難以下嚥，優秀的新聞工作者的責任之一，就是要去揭露並挑戰這些事件。負面訊息確實掃興，但若要成就真正的批判性思考及分析能力，不能不正視負面訊息。我們身處在以「讚」為基本優先順序的體制內，柔軟的、向上的報導自然冒出頭來，而複雜、具挑戰性或難以下嚥的報導則沉默了。

Upworthy為業界內的競爭對手或模仿者設定了標準，大家共同努力，向社會文化及新聞業推廣永不止息的良好感受。BuzzFeed的編輯艾薩克・費茲傑羅（Isaac Fitzgerald）在接受這份工作時，就宣布他不會刊登負面評論。「何必浪費力氣叫罵呢？」他說道。接著他又宣布，未來在這個長久以來充滿負面訊息且被當作發洩管道的網路世界裡，他將以迪士尼卡通《小鹿斑比》裡那隻桑普小兔（Thumper）作為編輯模範，並將採用桑普的名言：「如果不能說好話，那就什麼都不要說。」[6]

Upworthy的創始人辯稱，他們的策略將重要議題和全球事件搬上檯面，若非如此，多數大眾根本不會關注這些事件。這點雖然沒錯，但就像那些只會提升意識而無法真正募到款項的慈善活動一樣，當新聞內容中立到毫無實質內容跟針對性可言時，人們對議題的意識高漲後又該何去何從？如果在Upworthy的世界裡，連「民主黨」跟「保守黨」都被視為太過掃興的字眼，很難相信人們真的能夠從點閱議題相關影片，進而真正投入並關懷該議題，更不用說實質參與政治改造了。

社群媒體神經兮兮地企圖避開世界上和生活中較複雜、不討喜內容的做法，與為人父母想保護孩童而企圖去除孩子生活中所有負面事物的心理，有著異曲同工之妙。對於孩子而言，無止盡的正面能量、消除灰色地帶或困難問題的乾淨世界裡，卻產生了全新的焦慮心理；社群媒體亦是如此。

我不禁懷疑，這場正面能量軍備賽有沒有終止的一天？若有，又會以何種方式終止？

但現階段，我更擔心另一個與我們息息相關的問題。

註

㉓ 指美國作家愛蓮娜·霍奇曼·波特（Eleanor Hodgman Porter）的兒童小說《波麗安娜》（*Pollyanna*）中一位充滿正能量的少女主角波麗安娜，總是以高度樂觀的想法鼓舞著身邊的人。在心理學中所稱的波麗安娜效應（Pollyanna principle，即人們普遍認同正能量的心理）也因而命名。

第八章

正向心理學的陷阱

今年春天，住在樓下的好友搬走了，一對老夫婦住了進來。一開始我是充滿善意想認識他們的。自從我在猶他州跟摩門教徒相處過一段時間，加上深入了解社區參與跟快樂滿足之間的關聯之後，我一直想要更加強我的社區精神。那次從猶他州鹽湖城飛回家的航班上，我的野心愈發蓬勃，抵達奧克蘭時，腦中滿滿是社區居民一起搭建穀倉或跳鄉村舞，鄉村歌曲大力放送，活像是一九五〇年代的堪薩斯州（最好不要有冷血殺戮事件啦）。但很可惜，我回家後並未將理想付諸行動，因此新鄰居搬來，算是給我機會踏出社區社交的第一步吧。

想跟鄰居社交的問題，卻出在鄰居身上。很顯然地，住在兩個瘋狂放縱的半獸小童樓下，跟他們所幻想的優閒黃昏時光並不一致。說真的，我也不能怪他們，原本平靜的嬰兒步入搗蛋幼童階段，哥哥更像是勁量電池般不停挑戰自我，吸引關注，連我先生都說，照顧他們倆時，都覺得自己像是「兄弟會派對上的服務員」。

我不喜歡自己一直大吼大叫要孩子們安靜，也不喜歡鄰居一直對我大吼大叫要我安靜。情況已經嚴重到，我只要想到早上得遇到她就難受。很不幸地，我們必須共用洗衣機。我們不時瞥見彼此的內衣褲，還要冷戰，真的是非常痛苦。我開始在晚上鎖門，我擔心我們的音量要是繼續惹怒她，最後我的那場社區鄉村圓舞曲願景，大概只剩下冷血殺戮。

更雪上加霜的是，鄰居太太決定在家裡發展她的替代醫療事業，這個事業需要徹底地寧靜。我上網查了她的資料，發現她的治療主軸是「利用強大的安慰劑效應」。我認真懷疑，跟她往來會為我們彼此雙方帶來任何快樂嗎？

這一切都更加證實了一點，任何與幸福相關的廣義描述，或如何提升快樂的共通建議，在人類複雜的生活中根本起不了作用。

研究指出，若我們是摩門教徒、單身貴族，或是那種會邀請鄰居來打牌的人，我們會過得更幸福，畢竟擁有這些特質的人平均快樂指數較高。但「族群」的概念就像企業一樣，並非真實的個人。舉例來說，根據研究平均值顯示，已婚人士比單身人士來得快樂，但是這個平均數值的對象，包括幸福美滿的新婚夫妻跟憎恨彼此的老夫老妻。在一國之內，由這樣的組合所取得的平均值，可能象徵該國人民都還算快樂，也可能代表著，有一半的人口處於狂喜狀態，另一半則處於絕望之中。不管如何，對個人來說，平均值所代表的意義其實並不大。

快樂是一種獨特又複雜的情緒，影響的因素包羅萬象，比如人生狀態、活動行為、成長背景、文化經驗、人際關係、個人偏好或怪癖等因素，都賦予每個個體獨一無二的生活體驗，無法由單一平均值來定義。快樂這件事，可能真的需要每個人親自經歷了才算數吧。

「族群」研究或許可以作為工具，藉以廣泛認識人類幸福快樂的多元與獨特性，過去十五年左右，也確實有許多類似的相關研究。

「幸福研究」，或如學術界所稱「正向心理學」，則是一個相對新興的研究領域。美國心理學會於一九九八年指派賓大的馬丁・賽利格曼博士（Dr. Martin Seligman）出任會長。當時，賽利格曼博士最知名的就是一九六〇年代的研究，他持續電擊虐待被限制行動的狗狗，直到牠們徹底崩潰為止，並將這種現象稱為「習得的無助感」。[1]他就任美國心理學會會長時，想法卻改變了，在就職典禮致詞上，他宣布一套全新的心理學理論，稱之為「正向心理學」。

這個勇於創新的新學派，將傳統負面心理學理論丟到一旁，不再像以往著重於憂鬱症或病理學。相反地，這個新的樂觀心理學派只專注於「個人最正面的特質」，特別是針對「快樂」這部分。快樂不再由機率或個人體驗決定，它將被衡量、評估、記錄，接著再透過精準的臨床技術及介入手段來控制並操弄。

還會有獎勵喔，賽利格曼宣布，坦伯頓基金會將提供多項獎金，資助正向心理學的相關研究。坦伯頓基金會過去致力於推廣「宗教與科學是平等而非對立」的概念，創始人約翰・坦伯頓（Sir John Templeton）為知名保守派億萬富翁慈善家。他提供這些獎項，鼓勵「針對樂觀、感恩及正向思考力的益處進行的科學調查」，聽起來像是他還沒開始研究就已經預設結果了。

新興、感覺良好的正向心理學，在經濟繁榮的巔峰時期吸引了大眾的注意，迅速成為成長最快且受到最多資助的學科。

該領域的思想領袖頂著大鬍子發愁，費盡心思試圖定義出一套明確的快樂演算法。至今，美國上百間大學都開設「幸福研究」的相關課程，其中包括多數常春藤盟校。哈佛大學誇耀自己的「快樂實驗室」，正向心理學領域的教授也紛紛開課，向美國各大企業，甚至是美軍部隊，傳授快樂的祕訣。許多政府部門也都跟上這波潮流，現今公共政策都以正向心理學概念及方法作為基礎，首相們及總統們忙著透過微觀管理手段操控人民的快樂情緒。

彷彿赫胥黎的小說《美麗新世界》（*Brave New World*）裡說的「**無喜悅感**」，自正向心理學運動問世後的短時間內，已有超過六萬四千多科學研究企圖分析快樂這件事，並將其系統化。[2]

這些研究可大致分為兩大類。第一類企圖分辨哪些人是否快樂，比如哪個國家或美國哪個城市最快樂？（答案分別為：丹麥和猶他州的普若佛城。）已婚、有錢或保守黨人士，是否比貧窮、單身或民主黨人士快樂？（答案分別為：是，顯然是，跟不知道什麼奇怪原因的「是」。）

這一類研究也著重於人格特質。研究顯示，樂觀的人比悲觀的人還要快樂！正面的人也比負面的人來得快樂！推特上貼文討論工作、運動跟精神層面議題的人也比使用「無聊」、「好累」字眼的人要快樂許多。（最後一項為馬丁・賽利格曼在賓大正向心理學中心的研究計畫。）[3]這些研究所獲的結果，基本上就是套個邏輯、換句漂亮話說：「快樂的人比不快樂的人快樂呢！」

但真正有賺頭的是第二類研究。這些研究不僅止於企圖了解人類狀態，它更上一層樓，幻想要改善人類的狀態。它們試圖採用「介入手段」，提升人類的快樂程度，更想將這些「介入手段」包裝出售。

有了學界的背書及現金資助，個人幸福運動似乎重獲新生。又因有嚴謹的科學研究方法背書，這項運動從單純的學術研究，進展為新興的商業模式。

人們對新興的快樂科學需求龐大；很快地，正向心理學家個個都成為巨星，只要出席活動或演講就能賺到上萬元的酬勞。（馬丁・賽利格曼的經紀人將他的演講費設定在五萬零一美金以上。）

這些光說不練的快樂實踐者眼光看得很遠，以往還得仰賴幾位不受控的自我成長權威專家，現在卻有科學根據支持，任其呼風喚雨。學界的正向心理學家也加以利用這個商業機會，迅速推出相關書籍、APP程式、訓練、諮商及課程。

前哈佛大學正向心理學教授塔爾・班夏哈（Tal Ben Shahar）的兩週宿營課程，要價五千五百美金，還不含住宿費。紐約開放中心的「應用正向心理學認證」稍微便宜一點，只要兩千九百五十美金。加州大學柏克萊分校至善科學中心在大蘇爾海邊依薩蘭學院辦理的「將快樂科學付諸行動」週末靜修，似乎相對划算，價格介於四百二十一美金到一千七百六十六美金之間（視住宿飯店而定）。

有預算考量的人，則可參考正向心理學運動帶起的新興快樂勵志書，其目標群眾設定為一般大眾而非學術人士。《今日心理學》（*Psychology Today*）雜誌封面故事指出，二〇〇〇年，市面上僅出版五十本以快樂為主題的非小說暢銷書。到了二〇〇八年，出版數量已經成長到四千本。[4]

正向心理學教授一般都很輕視傳統自我成長學派，但正向心理學跟勵志學派現在似乎已經成為一體兩面，而前者更為體面。《紐約》雜誌（*New York* Magazaine）裡面的一篇文章更寫道：「正向心理學在心靈勵志產業裡，已經自成另一個類別。」[5]

正向心理學相關書籍跟勵志書籍被擺放在書店裡同一層書架上，不論語調跟內容都不分你我。

但正向心理學很厲害的是，它撕下傳統自我成長書籍上「失敗者」的標籤，火車上拿著心靈勵志書拚命畫重點的人，多半讓人覺得有些悲哀，但手裡拿著正向心理學卻好像象徵著某種社會地位。

這其實也是一種品牌建立的問題。傳統的勵志書籍大多帶有一九八〇年代「貪婪至上」的感覺，封面全都是大寫字體加上令人不舒服的露齒笑容。相較之下，正向心理學書籍則帶有較柔和的美感，採用特殊字體和向日葵或蒲公英的照片。（這兩種花顯然是「快樂思考」的國際符號。亞馬遜網站上排名前三十的正向心理學暢銷書裡面，大概有七本封面上有向日葵或蒲公英。）

正向心理學書籍為了要與自我成長類區分，一般都會刻意在封面上或序裡，不斷重複提到「科學」一詞。

索妮雅・柳波莫斯基（Sonia Lyubomirsky）在她正向心理學暢銷書《這一生的幸福計畫》（*The How of Happiness*）序裡寫到：「這本書的主角是科學，我和其他社會心理學家發展出來的快樂增進策略是重要的配角群。我是一位實驗科學家，不是心理醫師，不是生活教練，也不是心靈導師。」

這顯然不是那種掃興的科學研究，不會在結論教你要謹慎小心，也不會讓你覺得作者向消費者妥協。正向心理學的書名跟自我成長類一樣，都會在書名裡加上一點行銷手段：《這一生的幸福計畫：快樂也可以被管理，正向心理學權威讓你生活更快樂的十二個提案》（*The How of Happiness: A New Approach to Getting the Life You Want*）、《真實的快樂：利用新興正向心理學實現潛能並圓滿人生》（*Authentic Happiness: Using the New Positive Psychology to Realize Your Potential for Lasting Fulfillment*），和《快樂的好處：正向心理學的七大原則，助你工作表現及成功一臂之力》（*The Happiness Advantage: The Seven Principles of Positive Psychology that Fuel Success and Performance at Work*）。

正向心理學和自我成長書籍，兩者不只在失控地促進消費手段上很雷同，我看了愈多，愈是發現它們連深層哲理也大同小異。

自從我投入這個快樂產業的研究之後，發現整體產業所傳達的一致訊息，從里程碑論壇到正念運動所強調的，都是「快樂是可以掌控的」這個概念，而傳遞的一致訊息都是認為「生活處境對於快樂並無影響」。我現在也發現，正向心理學領域所清楚明白傳達的是一模一樣的訊息。快樂產業的推崇者背後似乎都存在著強大的經濟誘因，讓他們大力強調可以控制快樂的個人因素，並低調處理無法改變的生活處境因素。跟自我成長產業一樣，正向心理學也將影響快樂的生活處境因素弱化，它大肆宣揚人們只要努力及具意志力就可以改變快樂的程度。

這個無所不在的論述，大概可以藉由賣相不佳的「櫻桃派」來加以說明。

《這一生的幸福計畫》是加州大學教授索妮雅．柳波莫斯基博士最著名的暢銷書，封面上有個櫻桃派。不同版本封面上則有不同的派，平裝版封面上是檸檬蛋白派，看起來比精裝版上的「加油站冷凍櫃裡賣的櫻桃派」好吃一點。柳波莫斯基出身學界，她在大學裡有自己的「快樂研究室」，手上有百萬研究經費供她揮霍，以取得「快樂的技術」。《這一生的幸福計畫》，就是要從諸多正向心理學研究結果中提取「快樂的技術」，並將其轉換為可付諸行動的快樂指南。

書裡不斷提到這個派狀圖。它是個資訊圖表，顯示影響快樂的各種不同因素及其重要性。派狀圖被切割為三部分，分別代表基因、生活處境及自發性的貢獻，也就是所謂我們對於快樂的控制力。

基因因素占了派狀圖的百分之五十，是最主要的影響因素。她表示，一九八〇年代末針對雙胞胎進行的研究顯示，人們是否快樂，有一半是由基因決定的。每個人都有一個基因設定點，跟懂得返家的鴿子一樣，我們最終都會回歸設定點。

另外的百分之五十較具爭議。第二塊派是給減肥人士吃的，分量小得微不足道，僅占百分之十，柳波莫斯基稱之為生活處境因素，指的是生活環境，或其他我們無法控制的生活因素。她從未明確定義這個類別到底包含哪些項目，但似乎包山包海，從人口分布如種族、年紀、性別、收入、婚姻狀態及教育程度等，還有外表、健康等變數，以及人際關係、日常活動通通涵蓋在內。

柳波莫斯基主張，人們的生活處境對快樂的影響微不足道。為了強調這一點，她甚至列出一長串詭異的項目，並宣稱這些事並「不會」讓我們更快樂，像是「治癒慢性疾病或殘疾」、「更關心你及支持你的父母」、「擁有更多金錢」、「擁有更多時間」等。她非常肯定地宣稱：「這些事情都不會讓你在實質上更快樂」，還特別強調「人們若能接受生活處境並非影響快樂的關鍵這項事實，就更有能力去追求快樂」。

她向大眾保證，每個人已經具備快樂的培力，並透過剩下占了百分之四十的大面積派狀圖來說服大家。她表示「透過想法及行動，這是我們有能力改變的部分」。

這百分之四十的數據具體得有點詭異，它是快樂的意圖，經常被大多數學術及大眾正向心理學文獻引用。它也同時代表著這個領域強大的商業機會。任何想要賣書、授課教導快樂技巧的人，都應該善加利用這百分之四十所提供的商業機會。

柳波莫斯基自己就機會滿滿了。整本書剩餘內容都在討論她實驗室的快樂活動及「介入手段」，也提到一些其他正向心理學研究人員發展出來的技巧。她認為這些技巧能有效提升我們的快樂，並且是「改善生活處境」的四倍。

柳波莫斯基雖然對這百分之四十的派狀圖寄予厚望，但她提升快樂的建議卻有點令人難以置信。我先說句公道話，柳波莫斯基她自己也承認，這些建議「很像你祖母會教你的」。（不過我祖母是個活力滿滿的快樂老太太，享壽九十多年的她讓自己快樂的方式是喝伏特加跟大聲靠北。）

書裡也有比較特別的部分，像建議人們透過「行善」來改善人際關係，可是也不能太常行善喔，因為研究顯示，一週行善超過一次的人很容易就疲乏了。

她也花了一些篇幅討論「如何照顧身體」跟使用正念，但這跟正向心理學好像沒什麼太大關係。除此之外，整本書的主軸就是透過不同方式強調正向思考，包括「培養感恩心」的活動、指導如何細數恩典及提升樂觀度的技巧。

這種將真實問題巧妙轉為「負面思考方式」的說法，在快樂產業裡很常見。「你的思考方式不正確」是里程碑論壇裡薇拉莉最常說的話。艾克哈特．托勒寫道：「處境從來都不是造成不快樂的主因，而是你對處境的想法使你不快樂。」他的說法跟許多快樂領域專家一樣，都認為生活中的真實問題從來都不是歧視、貧窮、人緣不好、不公平的老闆或全家只有你一個人會用洗衣機等等造成的，而是因為你沒有乖乖正向思考，沒有好好練習正念，也沒有「負起重任」，更沒有認真細數恩典。都是你們自己不遵守最新版的「快樂思考方式」，才會這麼不快樂。

這種「改變思考方式」學派所給的建議，讓我想起大學剛畢業時搬入第一間公寓時發生的事。那間房子的前屋主要不是埃及法老王，就是連環殺手，房子牆壁貼滿厚重的金色絨布壁紙，地毯則是咖啡與橘色漩渦狀圖案，活像要給反社會人格者做的羅夏測驗（Rorschachtest）；更不用說整間屋子裡充滿洋蔥跟絕望的味道。當時我向朋友抱怨說，要把這房子改造成適合人居住的屋子有多費力，她回我：「妳怎麼不改變品味就好？這樣不就簡單多了。」

生活處境對於快樂的影響力微不足道，相較於爸媽是否愛我、經濟富裕或貧困、衰弱久病與否等等處境的改善，透過正向思考、感恩日記，或細數恩典等策略，反而能讓快樂程度提升四倍，這樣的概念對我來說實在牽強。我若是一位必須仰賴福利救濟、面對不公正體制，努力撐過每一天的貧困黑人單親媽媽，看到這樣的訊息會是什麼感受？一想到這個概念是由享有特權、高收入的學術界白人所提出來的，就更火大。

自從我踏入快樂產業的世界，就一直跟這個基本論述過不去。它近乎挑釁地否定結構性問題所造成的不快樂，反而以極危險的脫離社會及政治的方式，來處理更普遍的不公正問題。從個人層面上看來，它輕視並責怪他人，更將責任轉而推向受害者。基本上，這整個概念反對建立支持性社會，認為人們不應該為他人的快樂與否負責，然而，一個有足夠支持性的社會，卻是最能夠使人們快樂的主要因素啊。

假設他們所說的「處境不重要」真的成立，快樂也只是個人努力與否的結果，假設這個概念真的經過科學認證，那麼我的反對也沒什麼意義。但如果我更深入地挖掘，想要找到最原始的研究出處，我就不得不問：生活處境真的跟快樂無關嗎？我們真的都有公平機會享受快樂嗎？

柳波莫斯基在書裡註記提供派狀圖的原始學術文獻來源。她也是根據該文獻，發展出「處境對快樂無影響，唯有意圖性的活動才是王道」的論述。

該篇文獻寫於一九九九年，作者是艾德．迪安納（Ed Diener）。（在我看過的資料裡，迪安納是第三位「正向心理學運動之父」，只能說「正向心理學之母」那幾年顯然玩很大。）迪安納整理了當時所有提及人類快樂因素的文獻，文內大量引用不同的研究論述與各種研究內容。[6]

這份文獻讀起來真的很硬，我花了些時間才看完，但看完後我發現，那篇文獻並未完全肯定柳波莫斯基的精美分割派狀圖。

迪安納的論述比柳波莫斯基的派狀圖更細緻與複雜。他指出，每個研究對於影響人類快樂的因素都有不同看法，用一句話做總結就是：「沒有人有證據啊。」

首先，決定快樂的基因成分，這部分的數據極度矛盾。拿雙胞胎來做快樂實驗的研究結果顯示，基因因素占據人們快樂與否的百分之四十到百分之五十五（大致與柳波莫斯基的百分之五十相符）。但是，迪安納也指出，後來有其他研究使用同一份雙胞胎數據進行分析，分析結果卻認為，就長期快樂感受而言，基因因素占據人們快樂與否的比重為百分之八十。這樣的結果也促使迪安納寫道：「根據遺傳率研究顯示，要改變一個人的快樂程度，跟改變他的身高一樣困難。」這樣的說法，似乎與「透過正向思考，並細數我們所有的恩典，來提升百分之四十的快樂感受」不同調。

至於派狀圖裡的「處境」部分，迪安納文章裡提到多個處境比重，從百分之十到百分之二十都有，大多接近百分之二十，柳波莫斯基所設定的百分之十算是最低標。重點是，迪安納文章裡對於「處境」的定義，比柳波莫斯基派狀圖所定義的「處境」嚴謹許多。迪安納將「處境」的定義，限制在幾項基本的人口變數上：年齡、性別、收入、種族、婚姻狀態及教育程度。反觀柳波莫斯基的處境定義，顯然是將**所有**無法控制的生活處境跟活動都涵蓋在內。

我們姑且相信柳波莫斯基關於生活處境的占比百分之十，真的是根據迪安納的文章而來，我還是無法認同她所說那百分之十以外的部分，全都可透過「意圖性活動」來控制。迪安納所提到的幾項人口因素，並未納入人們生活中無法或難以控制的生活事件，如失業、婚姻失敗、老闆不公平、喪親、離婚、租金高漲、撞車、流產、生病、難相處的家人，或是那位小心翼翼將香蕉泥抹在圖書館書本每一頁上的我的孩子。

迪安納的文章裡，也完全沒有提到人們一半以上的快樂可由「意圖性活動」決定的概念。反之，他特別強調，基因或人口變數之外的因素，是環境、文化、處境、運氣等因素所構成的複雜且充滿未知的組合。

簡單來說，看過迪安納的文章之後，每個人都可以從中挑選支持自己觀點的部分來為其背書。其實我也可以輕易地利用同一份文章，寫出一本自我成長書。我主打的派狀圖會讓基因因素占百分之八十，人口因素占百分之二十，然後完全不會有快樂的意圖活動這種東西（我承認這本書大概不會賣得太好）。

愈是深入研究，愈是覺得「生活處境對快樂影響不大」的說法，只是一種挑對自己有利的單方論證。

一般來說，弱勢族群的快樂程度遠低於享有特權的人們。美國疾病管制中心預估數值顯示，貧困美國人患憂鬱症的機率是一般大眾的三倍。[7]研究也顯示，不論收入多寡，美國白人的快樂程度明顯高於非裔美國人，而認為自己「不太開心」的非裔美國人大約是白人美國人的兩倍。[8]相同地，英國國家統計局針對英國人快樂指數的年度調查顯示，白人社區明顯高於黑人社區。[9]

另外，不斷被重複搬出來說教用的「金錢對快樂影響有限」，其實也是對於原始文獻依據的扭曲詮釋。（值得留意的是，這些強調物質財富不重要的人，生活通常都不虞匱乏。）

諾貝爾經濟學獎得主丹尼爾．卡內曼（Daniel Kahneman）一篇討論收入與快樂之關聯的著名研究也經常被錯誤引用。[10]

卡內曼研究最常被拿來引用的論點，我們經常在學術文獻或大眾媒體看到：「年收入七萬五千美金以上的人，金錢不會影響其快樂程度。」

但他的研究卻不是這樣說的。卡內曼的研究結果是，年收入未達七萬五千美金門檻的人，金錢對於其快樂的各項衡量標準，都非常重要。他寫道：「一個家庭的年收入對於其快樂程度的影響，不論是在數據或數量上，都具重要、顯著的影響力。」

多數人認為，衡量人們是否快樂的最重要指標，端看個人對於整體生活狀態是否滿意。而卡內曼的研究指出，即便家庭收入超過七萬五千美金，金錢對於生活的整體滿意度還是有顯著性影響。數據顯示，先不設收入門檻，擁有的金錢愈多，人們對生活的滿意度愈高，哪有什麼收入門檻限制！金錢帶來的快樂哪有上限？

享有特權的新聞媒體和學術圈利用這些錯誤引用，強化「只要年收入超過七萬五千美金」或「只要滿足基本需求」後，「金錢就買不到快樂」這樣的概念。講得好像達到年收入七萬五千美金很簡單一樣。

實際上，美國的家庭年收入只有前三分之一達標，個人年收入也只有百分之十二達標，[11]英國的狀況也差不多。[12]收入與快樂關係的正確解釋是，多數民眾的財務狀況對於各項快樂衡量指標，都有顯著的重要性。不用訝異，收入愈低，財務狀況對快樂的影響就愈大。

不斷強調個人努力，以及否定生活處境會影響快樂的概念，就像是意識型態的新自由主義在作祟。

或許因為學術界正向心理學運動的主要資助者為極度保守派，想通了，也就不用為以上扭曲的詮釋大驚小怪了。

打從這個學科出現，最大宗的正向心理學的學術研究資助者就是坦伯頓基金會（Templeton Foundation）。該組織至今提供上千萬美金的研究獎項及經費，資助正向心理學教授及研究機構，也資助美國許多主要的正向心理學系所。13柳波莫斯基就是坦伯頓獎得主，並獲得研究經費補助。坦伯頓基金會資助近百萬美金給馬丁・賽利格曼在賓大的正向心理學中心。

坦伯頓基金會的前會長小約翰・坦伯頓（John Templeton Jr.）於二〇一五年過世。他是基督教福音派教徒，政治立場極保守，多次慷慨捐款給右派組織。他以私人名義資助的對象包括極端保守的倡議團體「自由之聲」（Let Freedom Ring）及「自由觀察」（Freedom Watch）。前者的主要任務為提倡小政府及保守社會價值，後者則在網站上宣稱要阻止政客「將我們的國家變成社會主義的歐式福利國家」。小約翰・坦伯頓長期資助保守黨及多位保守政治候選人，金額高達上百萬美金，他也大手筆捐款給多個反同志婚姻組織。14

一位贊助商對於單一學術領域有著如此強大的影響力，這種情況還真少見。坦伯頓基金會宣稱他們政治立場中立，技術上來說它也確實並未特別傾向哪個政治黨派，但從它所選擇資助的研究看來，卻可發現它在正向心理學學科的發展過程中，占了舉足輕重的地位。

一接受坦伯頓基金會資助的研究計畫，就都只著重個人努力及人格優勢，完全不考慮社會正義或制度性政策如何影響個人幸福，已經預設該領域的條件及知識範圍。愈來愈多研究的執行，更加奠定該預設立場的偏頗基礎，之後的研究也都只是不斷重申再重申罷了。

賽利格曼為促進這種新自由主義觀點付出許多努力，這種觀點認為環境對幸福沒有影響。他在正向心理運動發展早期的一次訪談中這樣推論：「一般來說，當問題發生時，現在社會上有個現象是，我們會相信這些問題不是出自我們本身的個性或決定，而是一股更大的力量所造成的。」他總結：「問題的最大成因是被動性。你做了什麼事很重要……大部分的麻煩都是自找的。你得自己負責。」15

「我們不斷接收這樣的訊息：『你知足感恩一點就好了，你態度正面積極就好了，你不要都只看問題就好了。』真的很陰險欸，這種說法已經根深蒂固了。可是你又覺得自己的問題都又急又難啊。」琳達．提拉多（Linda Tirado）在電話裡對我說道。

琳達寫了《當收入只夠填飽肚子：走向貧窮化的年輕人，正面臨什麼樣的困境？被困在低薪、低保障、高物價的「新貧世代」，為什麼無法脫貧？》（*Hand to Mouth: Living in Bootstrap America*）一書。我讀完這本書之後，就想採訪她。該書內容描述她在美國中部的速食及連鎖餐廳產業裡，當低薪工人的生活。她身兼兩份或更多工作，每週工作高達九十小時，只求溫飽；她滿嘴爛牙，但付不起牙醫費用；她車子壞了沒錢修，每天得走一小時以上的路程去上班；她每天擔心沒錢帶孩子看病，更不敢奢望買醫療保險。她提到，許多工作要求員工必須隨時待命，卻無最低時數保障，同事隨時會被老闆開除，更要日以繼夜面對羞辱、不正義、壓力，還有因不公平生活所帶來的痛苦。

「如果那些享有特權的有力人士能老實一點，承認這些不公不義，我也不會這麼在意工作上的羞辱了。」她寫道，「但卻不是這樣。我們反而被提醒，你要保持微笑，有機會能這樣存活下來就要懂得感恩了，你不成功是你自己的錯。」

琳達質疑生活處境並不影響快樂程度的說法，她指出：「並非所有窮人都飽受化學失衡造成的憂鬱症之苦，但很多窮人確實因生活處境困難，而時時感到憂鬱。這是因為我們的生活很悲哀啊，我知道這聽起來似乎將問題簡化了，可是事情真的沒有複雜到哪裡去。」

出書之後，琳達的財務狀況大幅改善，她仍不避諱地表達她的憤怒，她氣的是美國低收入人口日常的忍耐，把羞辱當飯吃，還要被這個無所不在的「你改變態度就可以改善問題」的論述打壓。

她跟我說：「正向思考不只沒用，反而更嚴重貶低我的自尊心，讓我更難過。你總不能在踹我一腳後，還想要我面帶微笑跟你說，謝謝你踹我喔。」

琳達分享她某次在連鎖餐廳工作的悲慘經驗。她說當時的薪資根本不夠生活，沒有任何福利或醫療保障，老闆更是個「野蠻人」。教育訓練時，全員還被要求觀看正向影片，其中特別強調要保持微笑跟正面態度。

「我們所有員工都在看這部影片，內容包括維持正向態度、隨時面帶笑容、全員和樂無比。放影片給我們看的人，卻是個只能用「野蠻」來形容的老闆，這根本就是噩夢一場。」她回憶道。

「我們個個超時工作，卻只領取微薄薪資，累得要命，然後還被要求時時微笑：不然你就繳不出房租了喔！就是要你時時刻刻用力假笑啊。每個人都不斷壓抑自己。你知道有研究顯示，如果不斷假裝快樂，情緒會逐漸麻木。」

「你的情緒麻木了嗎？」我問她。

「豈止，我連靈魂都麻了。」她回答我。

我問琳達是否聽說過正念，她對此嗤之以鼻。「我經常聽到這種說法，說貧窮的人只需要練習正念就好。我每次都覺得，什麼活在當下啊，我他媽的還不夠活在當下嗎？我的生活已經夠悲慘了，容不下愉悅感恩的正念好嗎？一點都不合理。」

「他們以為，只要讓人們歡樂地面對打壓，情況就會改善。問題是，你一直無視生活中所有狗屁倒灶的事，永遠沒辦法改善狀況。這是針對窮人進行愚民教育吧？整個體制都有問題，不是個人的內在問題。你他媽的不用擔心電費繳不出來，你的快樂當然來得輕鬆容易。」

有人或許會說琳達的例子太過極端，不需理會。她自己也承認，她書裡所提及的這段期間，她的收入已經比大約三分之一的美國底層人民要好，可是要讓她不用為生活裡各種煩惱費心，還需要更多更高的收入才行。

琳達沒有讀過柳波莫斯基的《這一生的幸福計畫》，掛電話前我快速跟她分享書裡的派狀圖內容，也說明感恩練習和細數恩典等方式，能有效提升人們的幸福感，而且比改善生活處境所提升的幸福感高出四倍喔。聽完之後，琳達首度沉默。

她說：「太荒謬了，我都傻了。這個想法實在太可笑了。我可能要先去確認一下相關數據，如果數據也證明她是對的，那麼我就得去檢查我的精神狀態是不是有問題。」

琳達的回答啟發我，我要再回去檢視數據（啟發和數據這兩個詞，可以不科學地同時出現在一個句子裡吧？）。我想確認正向心理學的科學證據是否完善。

柳波莫斯基在《這一生的幸福計畫》裡講得有模有樣，例如，書的序言裡她就提到賽利格曼博士的研究，該研究針對重度憂鬱症患進行「感恩練習」的測試。這些重度憂鬱症患者的狀況嚴重到他們「連起床都有困難」。他們每天被要求寫下三件好事，例如：「羅莎琳打電話來問好」或「太陽終於出來了」這類。柳波莫斯基指出，使用這項介入手段之後的十五天內，受試者從「重度憂鬱」轉為「輕度或中度憂鬱」，且百分之九十四的受試者表示他們的低潮情緒緩和許多。

這樣的結果聽起來真的令人稱奇，於是我試著去找最初的研究文獻，想親眼看看原始數據。

問題是，當我費盡心力到處搜尋數據，卻怎麼都找不到。不論是賽利格曼博士的作品，或任何科學期刊都遍尋不著。

最後我直接寫電子郵件給賽利格曼博士本人，向他請教該研究在何處出版，並詢問該如何取得文獻。

他匆匆回了我四個字，信件內容沒有問候語也沒有署名：「並未出版。」

這有點奇怪。如果研究結果真的這麼扎實，有幫助全球上百萬人改變的潛力，又能省下藥物和心理治療等幾十億美金的費用，為什麼不出版？如果從未出版，那應該也未經同行評核。柳波莫斯基對於該研究並未出版一事隻字未提，且在研究未經審查人員審查的情況下，直接在《這一生的幸福計畫》裡將其列為事實，這樣的做法似乎不妥。

更奇怪的是，柳波莫斯基在加州大學河濱分校就有自己的「快樂實驗室」，她進行的實驗也跟賽利格曼類似，研究正向心理學的介入手段。既然如此，她為什麼需要採用他人未出版的研究，來證實這種策略的有效性？我很好奇她自己的研究結論為何，因此也試著追蹤她的學術研究。

她的研究結果顯然沒有那麼出色。

我總共找到三份柳波莫斯基針對感恩計畫進行的研究。其中只有一份研究結果顯示感恩計畫有些微好處，但該研究所提到的好處，並未明確說明顯著性差異的數據。她雖多次在自己的學術及文章裡提到該研究結果，卻從未出版，她只提供柱狀圖，柱子很大，卻沒有標明數據。研究結果還顯示，每週執行一次感恩計畫時，才會出現好處；另一組受試者每週執行三次感恩計畫，快樂感卻沒有提升。這讓人懷疑，第一組受試者是否因新鮮，才覺得有所收穫，而不是感恩計畫有什麼好處。[16]

我找到柳波莫斯基快樂研究室的另外兩項研究，也都是與感恩計畫有關。其中一項研究的控制組與對照組之間，並未出現顯著差異。[17]另一項研究結果則顯示，採用感恩計畫的受試群組，反而比控制組心情更差，[18]這個研究的討論裡，柳波莫斯基親自寫道：「研究結論並不如預期，感恩練習開始前到結束後，實際上讓憂鬱症受試者更不快樂……憂鬱症患者如果覺得沒什麼事值得感恩，要他們寫感恩信可能會造成負面效果。」

不只是柳波莫斯基的研究出現這種「不出色」的結果，荷蘭研究小組也針對正向心理學介入手段的效果出版整合分析，結果發現，介入手段所帶來的整體效果「有限」。若更詳細深入讀這篇研究就會發現，「有限」兩個字「太客氣」了。[19]

研究小組發現相關領域的研究品質出奇地差。他們在篩選研究文獻時，先針對許多已出版的正向心理學文獻之研究方法進行評估，結果發現研究方法**全部都不符合**科學試驗的品質標準。在刪去上百篇連基本標準都不符合的研究後，僅剩下三十九篇研究可納入評估。而這三十九篇研究中，二十篇被評為「低品質」，十八篇是「中等品質」，僅一篇被評為「高品質」，可是就連高品質的研究，也未符合所有基本條件。

關鍵在於，那些被評為研究方法低劣的研究結果，通常都顯示「介入手段」有高效果。也就是說，若對研究方法有更嚴格的規範，荷蘭團隊進行的整合分析結果中所指的「有限」，有可能「更加有限」或「根本不見」。

詹姆斯・科因（James Coyne）博士對這結果一點也不意外。

我跟科因用Skype語音通話的前幾秒鐘，曾短暫透過視訊瞥見他，他是個一臉慈祥的鬍子大叔。他下週要演講的主題是「正向心理學只適合有錢白人」。

科因是名譽極佳的心理學教授，致力於學界及醫界相關的社會心理研究。他目前是世界最大科學期刊《公共科學圖書館：綜合》（*PLOS One*）的學者編輯群之一。科因自視為「負面人」（Negateers）的一員，負面人聽起來像壞學生團體，其實它是一個由懷疑論者所組成的非正式組織，目的在反抗正向心理學的強大力量。[20]

科因是由社會福利養大的。他家裡沒有人高中畢業，他卻獲得獎學金，念了四年的大學。他跟我說：「有一陣子，我根本是右派的最佳代言人，只要努力就能成功的模範生。但念完大一那年，我開始叛逆了。我覺得把成功只歸咎於個人態度根本就是胡說八道。人生是否成功，多半都取決於生活環境，或者運氣。把它歸咎於態度這種說法根本荒謬，完全忽視背後的複雜。」

儘管接觸正向心理學研究時，科因對其中幾項基本論述抱持懷疑，總覺得這些介入手段宣傳太廣泛，但也許有些方法可以幫助他的病人。當時他是賓大行為腫瘤學計畫主任，專門研究如何幫助癌症病患面對焦慮症及憂鬱症。他過去也曾主持其他憂鬱症患者的臨床計畫。他投入分析正向心理學文獻，試圖釐清哪些是媒體炒作的論述，哪些是經科學實驗認證的事實。

「我本來的預期是，這些不斷宣傳並銷售產品的正向心理學家，一定有些模糊的研究結果吧，」他說，「我們可以找到一些研究結果，把它轉變為人們在日常生活中可用的工具，並看看是否真的能對人們的快樂有長遠影響。很不幸地，我根本想太多了。我看完這些文獻後，發現他們的研究結果根本沒那麼正面。」

科因說：「多數人都覺得我是可怕的方法論者。」他把自己做科學研究及審查期刊的嚴謹方法論，應用在正向心理學文獻上，發現研究結果通常顯示其效果微乎其微，或甚至需要動點手腳才會有效果。他重新分析幾項主要正向心理學研究的數據後發現，那些原本呈現出來的結果，細看之後都消失了。他投稿到幾份學術心理學期刊，試圖公布這項發現。

他每次投稿都被拒絕。「有編輯說，她不想跟我一起加入獵巫行列。我問她上訴程序是什麼，她說沒有這種東西。」

科因認為正向心理學是非常封閉的領域，人們已經投資太多美化介入手段，沒有人願意批評彼此的論述。

「正向心理學家告訴我：『這個期刊是彼此欣賞的小型社會。』」科因說，

「這個領域沒有批判性思考，沒有批判性標準。如果把很差勁的研究送到另一位正向心理學者手上進行同行審核評估，而這位同行也已經在美化正向心理學上做了相當投資，他便不願批評這篇差勁的研究。因為這麼做的話，就會把整個領域的聲望拉低，隨之損害自己的名譽。」

有明確證據顯示，不論在哪個科學或醫學領域，當研究者從特定結果中可獲得經濟利益時，研究結果通常都會被扭曲或誇大。舉例來說，以同一種藥品進行測試，經藥廠資助的測試結果跟獨立研究結果比較，前者的藥物效果都會高於後者。21

科因指出，利益衝突在正向心理學領域裡，更是一個無人承認卻又特別突出的問題。他的一篇網路文章提到：「整個正向心理學領域的廣泛內容、它帶來的百萬元產業，以及社區與產業提供了哪些誘因給這些宣稱採用科學方法的研究者，唯有全盤了解這些因素，才能真正理解正向心理學領域裡所謂的『科學』為何。」22

並非所有正向心理學家都投入自我成長產業，但確實有多數投身其中。倘若這批進行學術研究的學者，同時也要將研究成果銷售給大眾，必定有強大的經濟誘因促使他們產出有效結論，並刻意忽略較不顯著的部分。

就算正向心理學家誇大研究結果，把介入手段說得天花亂墜，把實際研究證據變得更有利，有什麼關係呢？沒有壞處吧？畢竟，寫個感恩日記又不會怎麼樣，人生又不會毀滅。正向心理學家的建議通常都溫和又不具爭議性，刻意反對它跟刻意挑釁冰箱上的磁鐵一樣沒意義。

幸福指數在許多國家已取代GDP，日漸成為衡量一國國力或發展的指標。也因此，快樂議題對於有力人士的影響力也與日俱增。很諷刺地，首當其衝的竟然是憤世嫉俗的英國。英國前首相大衛・卡麥隆（David Cameron）就非常相信正向心理學這一套，他深受賽利格曼的作品影響。卡麥隆就任之後沒多久，就花了兩百萬英鎊設立「國家幸福指標」研究，他針對英國人民的快樂程度進行調查，並詢問他們對生活的整體滿意度，以及他們的日常情緒及焦慮，目的就是要利用這些研究數據來影響政策。

正向心理學相關的學術研究，一般是在政治立場相對保守的框架或原則下發展，也不難理解為何對右翼、實施緊縮政策的卡麥隆政府這麼有吸引力。

在大量投資快樂產業的同時，卡麥隆政府也是近期歷史上最徹底執行刪除福利政策的政府，他大幅刪減醫療服務及殘障、老年、心智障礙者的照護服務。根據英國勞動部的數據顯示，卡麥隆的政策上路後，上百萬英國人民被降為極度貧戶。[23]

這不只是論述跟行動不一致而已，如果真的覺得環境並不影響人們的快樂程度，也就無須擔心人們是否掙扎著過活了吧。

正面心理學的技巧及對個人責任的論述，已將英國福利制度變得更嚴苛。

新政策推動後，失業人口必須被「態度審核」。他們必須經過一系列的心理測驗以判定其正向性及動力。態度正面的人可以依照自訂時程尋找工作，態度負面的人則被嚴格要求，每週要花三十五個小時待在求職中心，否則就會刪減他的補助。24其他被歸納為「缺乏動力」（尚無明確定義）的失業補助人口，現在幾乎是被懲罰式的管理，他們被要求每週在私人企業無薪工作三十小時以換取福利補助。25

跨國人力資源公司Ingeus提供「正向思考服務」，他與政府簽訂營利合約，協助政府執行新的失業人口「工作計畫」。公司網頁上寫著：「自一九八九年成立以來，我們以正向心理學觀念為基礎，塑造我們的服務產品，項目包括建立個人能力、彈性、與他人的連結、正向性及為更大目的貢獻自我。我們一開始舉辦的客戶工作坊之一，就是強調『付諸正面的行動』。」

Ingeus這類公司現在都會與政府簽訂合約，提供多種根據正向心理學原則設定的正向思考動力課程，目的就是為了改造失業人口的態度。失業者通常都是被強制上課，若不出席，則可能被「懲罰」暫停給付福利補助。暫停補助時間從幾週到幾個月不等，這項做法把社會底層已飽受財務困難的人，推向萬丈深淵。

「我很害羞，也不喜歡跟人對談。我不想在不熟的人面前演戲。他們說，我如果不參與演戲就會被懲罰，我只好說我會站起來，但我不會發言。那次之後，我又得填寫另一份『積極的好處』表格。」一名失業女性在部落格抒發課程心得。26

為與廣大的正向心理學運動原則同調，這些課程的課綱及也多傾向否定造成失業問題的結構性問題，反而將責任歸咎於個人困境。

另一位身兼部落客的失業補助者依茲·柯薩爾（Izzy Koksal）也寫到她所參與的動力課程，課程指導一群長期失業人口，「不論吃、喝、拉、撒時都要相信自己」，依茲在部落格寫道：

> 我說我認為我們應該以一個社會為立場，共同面對失業的議題，訓練師就嘲笑我，更把問題丟回我身上。他說：「妳身上有這些特質，這就是妳存在的方式……妳應該轉換看事情的方式。妳感到憤怒跟失望，是這些情緒阻礙妳找到工作。」
>
> 政府真的覺得，把失業人口送去上課，讓我們被正向思考的偽心理學觀念轟炸，就真的可以改變失業問題嗎？我認為這些課程根本就是在傷害失業者。上課時，我們不斷因為我們所面對的處境遭受責怪，但也沒有人提供我們真正的「解決方法」，協助我們改善問題啊。27

逼迫人們相信正面心理學，聽起來就不像是建立幸福社會的正確途徑。以這種不友善、不原諒的態度，代替社會安全網應提供的安心感，似乎跟快樂的真正定義相差甚遠。幸福如果得從社區裡建立，那麼，就更需要心理健康的社會來共同承擔，一起照顧社會弱勢人口的快樂與幸福啊。

國際幸福排行榜上名列前茅的國家，大多認同社會全員皆須為彼此的快樂負責，透過完善健康的福利，增進人民的幸福。當社會全員都被妥善照顧後，快樂人口就會相對提高。研究顯示，這種現象不是巧合，班傑明・拉德克里夫（Benjamin Radcliff）為美國聖母大學的政治科學系教授，也是《人類快樂的政治經濟學》（*The Political Economy of Human Happiness*）的作者。他針對大量數據分析進行研究，總結認為，在慷慨的福利國家中，人們雖然必須負擔高額稅務，卻也獲得相對高的福利照護，人民的快樂指數也比較高。[28]

若真想建立一個幸福社會，我們需要一個全新、具包容性、慷慨且與社會連結的快樂論述。這個論述不應該以偽科學理由，怪罪人民有問題，而應是強調如何解決人民的問題。

我現在正在咖啡廳裡寫下這些文字。很巧的是，隔壁座位年輕人手裡的書，封面上恰好是熟悉的派狀圖，櫻桃派。他正在看《這一生的幸福計畫》，我們聊了很久，他是加州大學柏克萊分校的心理學系學生，這本書是他的課本。我問他，這些研究有問題，裡面所稱的研究結果誇大不實，他難道不覺得困擾嗎？他說不會，因為人們只會相信他們想相信的，其餘都會被忽略的。他說他的人生一直滿辛苦的，正面一點是件好事，他也相信事情能因努力而改善，這本書其實給了他努力的動力。我又問，假如理論上有絕對性的科學證據證實，人生狀態無法因努力改善，他還會這樣認為嗎？他說，這些對他來說都不重要，他還是會讀這本書，還是願意試試看。我這才發現，他們賣的產品不是快樂，而是希望。

第九章

快樂大結局

奧克蘭派拉蒙劇院的女廁排隊都排到走廊上了，講著西語的女人們仍團團圍著鏡子，畫上粗黑的眼線。

大廳裡播放男性合唱的〈這片土地就是你的國土〉（This Land is Your Land），穿著紗麗服的灰髮印度女性隨著音樂搖晃著身體，用她破破的英文跟著唱：「這片土地就是你的國土，從加州到紐約iPad（原歌詞為「島island」）……」聽不懂的地方，她隨口補上發音相似的歌詞。其實也還要大概二十五分鐘以後，這片土地才會正式成為她的國土，但她搖晃的臀部彷彿已經回到祖國般自在。

這是正式成為美國人的最後一站。宣誓典禮之後，這些來自九十九個不同國家的人民，全都將正式成為美國人。我先生奈爾也是其中之一。他申請雙重國籍，終於實現一生的夢想（也忍受了一整年的官僚程序）。現場氣氛活像是場正式的節慶活動，大家都穿上最體面的服裝，劇院裡充滿髮膠、希望，以及「我是乖寶寶」的氣氛。

奈爾在女廁外等我，我們一起踏入劇院之前，我親了他一下。宣誓典禮時，他要坐在一樓的舞台旁，與所有即將成為美國人的人坐在一起，親友們則坐在二樓觀禮。我下次看到他，他就是美國人了。我忍不住幻想他會不會有什麼不同？牙齒會不會比較白？握手的時候會不會更堅定？我一直都想睡睡看美國人，優越的「美國例外論」主義不知道在床上適不適用？我很快就會知道了，而且還不用劈腿偷吃。

劇院非常擁擠。我穿過人群找到空位，我身邊坐了一個墨西哥家庭，大人們輪流用兔子玩偶逗弄兩個學步幼童；我的另一邊坐了一位菲律賓中年女士，她將手提包緊抱在懷裡，不時緊張地偷看樓下等著宣誓的先生，他們十五年前來美國，明年就要換她在樓下宣誓了。

沒有人知道這場宣誓典禮會發生什麼狀況。當時川普正角逐共和黨總統提名，我們整個夏天都在聽他的反移民論述，說什麼要把我們全抓起來遣返回國，然後再蓋個巨大的圍牆阻止我們回美國。我當然知道我跟奈爾的膚色都不是川普口中反對的移民，但近期的美國確實對外來者極度不友善。

政府官員上台後，很快就化解大家的不安。他說他叫藍迪·瑞克斯（Randy Ricks）（我不禁懷疑這是不是什麼化名，畢竟也太過「美國」了），還講了一段非常親切的歡迎致詞：「我們在此表揚各位，這個國家因你們變得更美好。感謝各位成為美國公民。」接著，藍迪·瑞克斯一一念出所有在場人士的原國籍，共九十九個國家。

「阿富汗、阿爾巴尼亞、阿爾及利亞，」每念到一個國家，就有人歡呼，丹麥和愛沙尼亞的歡呼聲小一點，中國和墨西哥的歡呼聲幾近暴動程度，「……南蘇丹、史瓦濟蘭、瑞典、敘利亞……」我環顧四周，想著每個國名背後的故事，再想想每個人來到此時此地的壓力、期待和絕望，每一個人都有屬於自己的美國夢。

接著，九十九國的人民全數起立，舉起右手，齊聲宣示：「我願完全放棄並斷絕對曾經效忠的帝王、君主、國家或主權者，迄今為止所有的忠誠。」我不禁想到奈爾其實並未放棄英國國籍，只是多取得一個國籍罷了，不知道這樣是否有所衝突。之後我上網查詢，結果顯示，女王對自己非常有自信，她不在乎她的子民是否對外國力量宣誓空洞的誓言。（我覺得她根本自欺欺人，就像婚姻裡，老婆選擇相信祕書幫老公抓背只是公事公辦。）

這群即將成為公民的人繼續宣誓道，他們將「為美國從軍作戰」，願「對抗所有外國和本國的敵人」，並且「毫無保留地宣誓效忠」。英國人哪有可能做什麼事情「毫無保留」！這樣的宣誓行為，根本就是美國公民及移民單位測試這些移民者的最後一道關卡。你能「毫無保留」地進行任何重要行為？恭喜，你再也不算英國人了！

「你們今日踏入這間劇院時，是九十九個不同國家的人民，」藍迪・瑞克斯說，「你們即將以同一國人民的身分踏出去！」

群眾歡聲雷動，我喉嚨也跟著緊縮了一下。我看了一眼隔壁的墨西哥家庭，他們已經不再試圖控制那兩個在劇院狂奔的幼童，大人們已經不在意了，他們淚流滿面，他們終於回家了。

偶爾，人生會讓我們有這樣的感動，這是一種最高級的感受。生活中那些討厭的、無聊的、罪惡的，費力伸手轉遙控器的無聊之外，偶爾也會短暫出現這種古老、偉大、高尚的感動。

那一瞬間，劇院裡的人們都感受到「團結一致」的感動，我們共享人性的光輝，一起看到希望。就在那一刻我突然發現，我也一點一滴愛上這個國家，一個人類充滿可能性的瘋狂引擎。

美國夢的核心價值就是快樂，人們對快樂的追求又反映在經濟上。人人擁有平等機會與權利追求個人幸福，一個國家能以這樣的概念作為基本治國原則，光是這一點就讓人心動不已。

當年傑佛遜所指的追求幸福，其實並不是指自我探索或內心旅程，美國開國之父對於幸福快樂的定義，是與社區和公民責任緊緊相連的，也提到個人自由及幸福其實仰賴整體國家社會。

我在今天的宣誓典禮上，為這種共享目的及社區的實際落實而感動。自由與快樂，是美國精神中重要卻經常牴觸的價值，快樂內化為個人需求，成為人人獨自追求的孤單旅程。

我們對於快樂的論述已經轉為個人化且具懲罰性的，完全與社會公義或廣義的責任感背道而馳。

倘若真心想要建立快樂的社會，人們必需改變想法，接受快樂並非由個體獨自建立的情緒，而須仰賴他人才得以茁壯成長。

我們必須從共同責任的角度來看待快樂，而非單單將它視為個人的追求，應該試著發展出一套快樂論述來協助他人解決問題，而非忽視問題。我們必須承認，特權與不公義確實存在，並試著反抗，而不是責怪困苦的人活該倒楣。另外，更應該試著建立具包容性、善意及社會意識的幸福憧憬。

除此之外，我在過去這一年琢磨快樂這個主題時發現，我們若想發自內心體會快樂，就不要再時時想著「快樂」這件事了。

很多時候，我都快把自己逼成快樂精神病了。艾莉絲．茅斯博士的研究指出，愈是花時間監控情緒，愈難真心快樂。我都快變成活生生血淋淋的證據了。我敢肯定地說，當我愈不在意快樂，它愈是出乎意料地來得自然。

這個想法真是讓人鬆了一口氣。我們愈是努力追求快樂，愈是難以獲得快樂，懶惰鬼們，這真是好消息欸！我們終於可以放鬆一點了。我們現在知道，只要認真生活、好好建立人際關係、多多充實自己並生活得有意義一點，幸運之神降臨時，我們就能享受快樂了。

宣誓典禮那晚，我和我的美國籍老公叫了外賣披薩，邊吃邊跟孩子們在陽台上欣賞夕陽。我們發自內心地感嘆人生美好，一點都不扭捏。我在臉書上發了一張奈爾咧嘴而笑的照片，他一手拿著超大片的夏威夷披薩，另一隻手上拿著美國國旗（我另外也發了一張國旗的特寫，美國國旗上面還印著「中國製」的字樣）。

我們家美國化的程度有點誇張了，我開的車超大台，活像是生了一個足球隊的摩門教媽媽，我的電子郵件裡充滿驚嘆號，我還真的忍不住也開始穿短褲了。

小索今年九月將入小學，他的學校以美國某位前任總統為名，他會搭黃色的校車上學。他不會說「遊戲時間到了」，他會說：「下課！」就像美國經典永恆的女孩，《勇敢的雷夢娜》（*Ramona the Brave*），他會每天對著我老公手機照片裡的星條旗宣誓效忠，而且極可能真的會「毫無保留地」做到。

他骨子裡已經是加州人了。前幾天，幼稚園安排小朋友去社區中心表演，娛樂老人家，他在路上對我說，他「不想唱歌給老人聽」。

「為什麼不想？」我問他。

「因為那不是我表達自我的方式啊。」他說。

另一方面，兩歲的賽飛則是快要變成熱愛福斯新聞的茶黨黨員[24]。他最早學會的單字之一就是「討厭」。我們的孩子非常兩極化地展示著英美兩國國情。

我們搬來美國四年了，人事物都逐漸改變。一開始我那種「英國才是家，美國只是鬆餅主題樂園」的想法已經逐漸淡化。我們在美國有了知心好友，不只是媽媽同伴而已，還陪伴彼此經歷結婚、離婚、喪親、罹病及康復等人生風景。我們生了孩子，看著他們長成暴衝小鬼。我當然不時還是會想家，但現在比較像是抽象的「鄉愁」，而不是真的「天天想回家」，而且我相信，如果有一天我們得搬回英國，我一定也會想念美國的。很奇怪，這就是所謂的「快樂」吧。不論如何，我其實還是熱愛歡喜大結局的，與各位共享之。

註

[24] 茶黨（Tea Party），美國的一個黨派，源自於民間街頭抗議活動，由網路與名嘴倡議。

附錄　參考資料

第一章　初到美國

1. GfK MRI 2003, *The Survey of the American Consumer*, Oprah Show, Income and Education data.
2. Committee Reports, 111th Congress (2009–2010) House Report 11- 220, itemises a $900,000 earmark from the US Department of Education for social and emotional learning curriculum development and implementation in the Youngstown, Niles and/or Warren City OH school districts. CASEL (Collaborative for Academic Social Emotional Learning) Skills for Life Program describes the mindfulness aspect of this course in its course description, stating: 'The unique aspect of this work is the integration of a research-based K- 8 SEL program with nurturing the inner life of teachers, parents and students as well as students and teachers learning mindfulness practices.'
3. 'Plain Township School Stop Mindfulness Program After Some in Community Raise Concerns', *Akron Beacon Journal/* Ohio.com, 15 April 2013.
4. MarketData Enterprises, 'Overview and Status of the US Self Improvement Market', November 2013.
5. Mauss, Iris *et al.*, 'Can seeking happiness make people happy?The paradoxical effects of valuing happiness', *Emotion*, 11 (4),pp. 807–15.
6. Gallup Positive Experience Index 2014.
7. Kessler, R. C., 'Lifetime prevalence and age-of-onset distributions of mental disorders in the World Health Organization's World Mental Health Survey Initiative', *World Psychiatry*, 6 (3)(2007), pp. 168–76.
8. American Psychological Association, 'Stress in America, Our Health At Risk', released 11 January 2012.

第二章　快樂只能內求嗎

1. Food Marketing Institute Report, 'Grocery Shopping Trends 2014'.

2. McPherson, Miller *et al.*, 'Social isolation in America: changes in core discussion networks over two decades', *American Sociological Review*, 71 (2006), pp.
3. General Social Survey, NORC at the University of Chicago.
4. American Time Use Survey, 2013.
5. US Department of Health and Human Services, 'Use of Complementary Health Approaches in the US', National Health Interview Survey, 2012.
6. 'The Mindful Revolution', *Time*, 23 January 2014.
7. '2014 Outlook for the Pilates and yoga studios industry', Snews.
8. IBIS World Special Report, 'Fastest Growing Industries', April 2012.
9. MarketData Enterprises, 'Overview and Status of the US Self Improvement Market', November 2013.
10. Goyal, M. *et al.*, 'Meditation programs for psychological stress and well-being: a systematic review and meta-analysis', *JAMA Internal Medicine*, 174 (3) (2014), pp. 357–68.
11. McPherson, Miller *et al.*, 'Social isolation in America: changes in core discussion networks over two decades', *American Sociological Review*, 71 (2006).
12. Survey conducted for the AARP, 'Loneliness Among Older Adults: A National Survey of Adults 45+', September 2010. Report prepared by Knowledge Networks and Insight Policy Research.
13. Office for National Statistics, 'Measuring National Wellbeing, European Comparisons 2014'.
14. Carter, Christine, 'Happiness is Being Socially Connected', UC Berkeley, Greater Good Science Center, 31 October 2008.
15. Diener, E. and Seligman, M. E., 'Very happy people', *Psychological Science*, 13 (1) (2002), pp. 81–4.
16. Diener, Ed and Biswas-Diener, Robert, 'Happiness and social relationships: you can't do without them', in *Happiness: Unlocking the Mysteries of Psychological Wealth* (Malden, MA: Blackwell, 2008).
17. Zelenski, J. M. *et al.*, 'Would introverts be better off if they acted more like extroverts? Exploring emotional and cognitive consequences of counterdispositional behavior', *Emotion*, 12 (2) (2012), pp. 290–303.
18. Holt-Lunstad, Julianne, Smith, Timothy B. and Layton, J. Bradley, 'Social relationships and mortality risk: a meta-

analytic review', *PLOS Medicine*, 7 (7) (2010), pp.
19. Ford, Brett *et al.*, 'Culture shapes whether the pursuit of happiness predicts higher or lower well being', *Journal of Experimental Psychology* (2015), pp.
20. Mauss, Iris *et al.*, 'The pursuit of happiness can be lonely', *Emotion*, 12 (5) (2012), pp. 908–12

第三章 幸福待售中

1. MarketData Enterprises, 'Overview and Status of the US Self Improvement Market', November 2013.
2. Landmark Education, 'Company Overview', published by Landmark Education.
3. 'Highest Paid Celebrities: 2015 Ranking', *Forbes*.
4. There are many contemporary accounts of the est training, including *The Book of est*, a fictionalised but by all accounts accurate depiction of the training, by Luke Rhinehart. This book includes a foreword by Werner Erhard, in which he says, 'Luke Rhinehart... presents his experience of the training from his own point of view, while keeping the facts basically accurate... I support Luke Rhinehart totally.' Other accounts of the training include *60 Hours That Transform Your Life* by Adelaide Bry, and 'Pay attention, turkeys!' by Lee Litwak, *New York Times*, 2 May 1976.
5. Debbie Ford, of Challenge Day's Global Leadership Council, writes in her book, *Spiritual Divorce*, HarperCollins, 2009: 'While attending school, I also began leading transformational seminars for Landmark Education.'
6. The Social Entrepreneur Empowerment Series, The Soul of Money, interview with Lynne Twist. In the interview, Twist (a member of Challenge Day's Global Leadership Council) says: 'Everyone has milestones and epiphanies. Mine came in the est training which I took in 1974 with Werner Erhard.' Available at www.socialentrepreneurempowerment.com
7. Salerno, Steve, *Sham: How the Self-Help Movement is Making America Helpless* (Crown Forum, 2005). This statistic is drawn from Salerno's personal experience working at self-help publisher Rodale.

第四章　幸福企業裡的工作狂

1. 'Happiness coaching comes to the workplace', *Wall Street Journal*, 27 January 2010.
2. 'The Low-Wage Drag on Our Economy: Wal-Mart's low wages and their effect on taxpayers and economic growth', May 2013. An update to the 2004 report: 'Everyday Low Wages: The Hidden Price We All Pay for Wal-Mart', prepared by the Democratic staff of the US House Committee on Education and the Workforce.
3. 'At Walmart, Lessons in Self-Help', *New York Times*, 5 April 2007.
4. International Labour Organization, 'Americans Work Longest Hours Among Industrialized Countries, Japanese Second Longest . . .', Statistical Study of Global Labour Trends, a cooperative effort of the ILO and the OECD, September 1999.
5. 'All Work and No Pay: The Impact of Forfeited Time Off', study conducted by Oxford Economics for the US Travel Association's Travel Effect Initiative.
6. Sweeney, James, 'Happiness Coach Takes on Grumpy Reporter', *Cleveland Plain Dealer*/Cleveland.com, 9 February 2008.
7. Flavin, Patrick and Shufeldt, Gregory, 'Labor Union Membership and Life Satisfaction in the United States', https://blogs.baylor.edu/patrick_j_flavin/files/2010/09/Union_Membership_ and_Life_Satisfaction_10.27.14- nlder4.pdf27 October 2014.
8. Bank of America Wage and Hour Employment Practice Litigation, heard in the United States District Court of Kansas, case no. 10- MD-2138-JWL.
9. National Labor Relations Board, case no 02- CA- 03 7548. Starbucks lost the case on a number of counts. The company appealed the decision, and the case went back and forth several times. The quote used comes from Decision of the United States Court of Appeals, Second Circuit, *National Labor Relations Board v. Starbucks Corporation*, Decided, 10 May 2012. Starbucks mounted an anti-union campaign aimed at tracking and restricting the growth of pro-union sentiment. In the course of this campaign, Starbucks employed a number of restrictive and illegal policies. These

included prohibiting employees from discussing the union or the terms and conditions of their employment, prohibiting the posting of union material on bulletin boards in employee areas; preventing off duty employees from entering the back area of one of the stores, and discriminating against pro-union employees regarding work opportunities. In this Court, Starbucks does not challenge the Board's determination that this conduct violated the [National Labor Relations] Act.

10. *Thomas Rosenberg et al. v. IBM Corporation*, settled for $65 million. *Michael Danieli et al. v. IBM Corporation*, settled for $7.5 million. *Whittington et al. v. YUM! Brands inc Taco Bell of America Inc. and Taco Bell Corp.*, settled for $2,490,000.

第五章　當孩子只剩下快樂

1. Simon, Diane, 'Breaking Up with Dr Sears: How Attachment Parenting Nearly Killed Me', Mommyish.com, 22 August 2011.
2. Gottlieb, Lori, 'How to Land Your Kid in Therapy', *Atlantic*, July/August 2011.
3. Robert P. Gallagher sponsored by the American College Counseling Association (ACCA), 'National Survey of College Counseling Centers 2013', International Association of Counseling Services
4. American College Health Association, 'National College Health Assessment', Spring 2015, Reference Group Executive Summary, pp. 13–16, Mental Health.
5. Twenge, Jean *et al*, 'Birth cohort increases in psychopathology among young Americans 1938–2007', a cross-temporal meta-analysis of the MMPI. *Clinical Psychology Review*, (30) 2010, pp. 145–154.
6. Kahneman, D. *et al*., 'A survey method for characterizing daily life experience the day reconstruction method', *Science*, 306 (5702) (2004), pp. 1776–80.
7. Margolis, Rachel and Myrskylä, Mikko, 'Parental well-being surrounding first birth as a determinant of further parity progression', *Demography* 52 (4) (2015), pp. 1147–66.
8. Ramey, Garey and Ramey, Valerie A., 'The Rug Rat Race', *Brookings Papers on Economic Activity* (Spring 2010).

9. Rizzo, Kathryn M. *et al.*, 'Insight into the parenthood paradox: mental health outcomes of intensive mothering', *Journal of Child and Family Studies*, 22 (5) (2013), DOI:10.1007/s10826-012-9615-z
10. Aassve, Arnstein, Mazzuco, Stefano and Mencarini, Letizia, 'Childbearing and well-being: a comparative analysis of European welfare regimes', *Journal of European Social Policy*, 15 (2005), pp. 283–99.

第六章　上帝的幸福計畫

1. Pew Research Center, Social and Demographic Trends Survey, 28 November–5 December 2012; Gallup–Healthways Well-being Index, 2 January 2010–30 December 2011; National Opinion Research Center, NORC surveys (2006).
2. Gallup–Healthways Well-being Index, 2 January 2010–30 December 2011.
3. Pew Research Center, Forum on Religion in Public Life, 'Mormons in America', 12 January 2012.
4. Gallup–Healthways Well-being Index 2014.
5. Doane, Michael J., 'The association between religiosity and subjective well-being: the unique contribution of religious service attendance and the mediating role of perceived religious social support', *Irish Journal of Psychology*, 34 (1) (2003), pp. 49–66; Lima, Chaeyoon and Putnam, Robert D., 'Religion, social networks and life satisfaction', *American Sociological Review*, 75 (2010), p. 914.
6. Radcliff, Benjamin, 'Politics markets and life satisfaction: the political economy of human happiness', *American Political Science Review*, 95 (4) (2001), pp. 939–52.
7. Isaacs, Julia, 'International Comparisons of Economic Mobility', Brookings Institution report, part of the Economic Mobility Project, an initiative of the Pew Charitable Trusts.
8. The Equality of Opportunity Project, a joint initiative by Harvard University and the University of California, Berkeley, 2014.
9. Gallup–Healthways Well-being Index 2012.
10. Motheral, B. R. *et al.*, *Prescription Drug Atlas* (Express Scripts Inc., 2002).
11. 'America's Mental Health: An Analysis of Depression Across the States', 29 November 2007, prepared for Mental

Health America by Thomson Healthcare, Washington DC.
12. Centers for Disease Control and Prevention, 'Suicidal Thoughts and Behaviors Among Adults Aged >18 Years, United States, 2008–9', 21 October 2011.
13. Bastian, Brock et al, Feeling bad about being sad, The role of social expectancies in amplifying negative mood Emotion, vol 12(1), Feb 2012, pp. 69–80.

第七章　社群媒體的魔鬼交易

1. Kross, Ethan *et al.*, 'Facebook use predicts decline in subjective well-being in young adults', *PLOS One*, 14 August 2013.
2. Krasnova, Hanna *et al.*, 'Envy on Facebook: A Hidden Threat to Users' Life Satisfaction?', Institute of Information Systems, Humboldt University of Berlin.
3. Robert P. Gallagher sponsored by the American College Counseling Association (ACCA), 'National Survey of College Counseling Centers 2013', International Association of Counseling Services.
4. Seelfo, Julie, 'Suicide on Campus and the Pressure of Perfection', *New York Times*, 27 July 2015.
5. Dockterman, Eliana, 'How the News Got Less Mean', *Time*, 21 August 2013.
6. Remarks made in an interview with Poynter, published 7 November 2013, to journalist Andrew Beaujon.

第八章　正向心理學的陷阱

1. Seligman, M. E. P., 'Learned helplessness', *Annual Review of Medicine*, 23 (1972), pp. 407–12.
2. As reported in *Psychology Today*, 12 October 2010.
3. Schwartz, H. Andrew *et al.*, 'Characterizing geographic variation in well-being using tweets', *Proceedings of the Seventh AAAI Conference on Weblogs and Social Media* (2013).
4. Fiora, Carlin, 'The Pursuit of Happiness', *Psychology Today*, 1 January 2009.

5. Kachka, Boris, 'The Power of Positive Publishing: How Self-Help Ate America', *New York*, 6 January 2013.
6. Diener, E. *et al.*, 'Subjective well-being: three decades of progress', *Psychological Bulletin*, 125 (1999), pp. 276–302.
7. Pratt, Laura A. and Brody, Debra J., 'Depression in the United States Household Population, 2005–6', Centers for Disease Control and Prevention.
8. Stevenson, Betsey and Wolfers, Justin, 'Subjective and Objective Indicators of Racial Progress', 12 July 2011, 5th Annual Conference on Empirical Legal Studies; available at http://ssrn. com/abstract=1641491.
9. Office for National Statistics, 'Personal Wellbeing in the UK 2014/15'.
10. Kahneman, Daniel and Deaton, Angus, 'High income improves evaluation of life but not emotional wellbeing', *Proceedings of the National Academy of Sciences*, 107 (38) (2010), pp. 16489–93.
11. US Census Bureau, Current Population Survey, 2011 Annual Social and Economic Supplement.
12. HM Treasury, Impact on Households, Distributional Analysis to Accompany Budget 2014.
13. John Templeton Foundation, www.templeton.org (Grant Search).
14. Federal Election Commission Records, Campaign Finance Disclosure Portal; Opensecrets.org, Center for Responsive Politics, donor page, 'Templeton, John M.'; Cal-Access, National Organization for Marriage California, Yes on 8, contributions page.
15. Walden Personal Testing and Consulting, 'An Interview With Martin Seligman', September 1999, available at waldentesting.com.
16. The study is referenced in Lyubomirsky, Sonja, Sheldon, Kennon A. and Schkade, David, 'Pursuing happiness: the architecture of sustainable change', *Review of General Psychology*, 9 (2) (2005), pp. 11–131.
17. Sheldon, Kennon M. and Lyubomirsky, Sonja, 'How to increase and sustain positive emotion: the effects of expressing gratitude and visualizing best possible selves', *Journal of Positive Psychology*, 1 (2) (2006), pp. 73–82.
18. Sin, Nancy L., Della Porta, Matthew D. and Lyubomirsky, Sonja, 'Tailoring positive psychology interventions to treat depressed individuals', in Donaldson, S. I. and Csikszentmihalyi, Mihaly (eds), *Applied Positive Psychology* (New York: Routledge, 2011), pp. 79–96.
19. Boiler, Linda *et al.*, 'Positive psychology interventions: a metaanalysis of randomized controlled studies', *BMC Public*

Health, 13 (2013), p. 119.
20. The informal group, the Negateers, is organised by Barbara Ehrenreich, author of *Bright-Sided: How Positive Thinking is Undermining America*. The group's Facebook page says: 'The Negateers joined forces in 2008 to fight the tyranny of positive thinking and the cult of omnipotent agency.'
21. Bourgeois, Florence T. et al., 'Outcome reporting among drug trials registered in ClinicalTrials.gov', *Annals of Internal Medicine*, 153 (3) (2010), pp. 158–66.
22. Coyne, James, 'More Sciencey than the Rest? The Competitive Edge of Positive Psychology Coaching', PLOS Blogs, 11 August 2015.
23. Department for Work and Pensions, 'Low Income and Material Deprivation in the UK', 13 June 2013.
24. Department for Work and Pensions, 'Claimant Segmentation Trial Standards and Guidelines'; 'Welfare Claimants to Get Attitude Tests, Employment Minister Reveals', *Daily Telegraph*, 5 September 2014 (includes interview with Employment Minister Esther McVey outlining the new scheme).
25. Department for Work and Pensions, 'Community Work Placements, DWP Provider Guidance': 'Claimant Group 1.06, CWP will be aimed at Jobseeker's Allowance (JSA) claimants who have completed the Work Programme and have been identified by JCP as requiring CWP support due to the key barrier preventing them from moving into work, being either insufficient work history of a lack of motivation.'
26. 'The Joy of the Jobcentre Work Programme', Sothisismylifenow. blogspot.co.uk, 16 August 2013; cited in Friedli, Lynne and Stearn, Robert, 'Positive affect as coercive strategy: conditionality, activation and the role of psychology in UK government workfare programmes', *BMJ*, 9 February 2015.
27. 'Adventures at A4e', izzykoksal.wordpress.com.
28. Radcliff, Benjamin, 'Politics markets and life satisfaction: the political economy of human happiness', *American Political Science Review*, 95 (4) (2001), pp. 939–52.

國家圖書館出版品預行編目（CIP）資料

為什麼我們拚命追求幸福，卻依然不快樂？／露絲．惠普曼著；謝靜雯, 李亭穎譯. -- 初版. -- 新北市：小貓流文化出版：遠足文化發行，2020.02
328 面；14.8*21 公分
譯自：America the anxious
ISBN 978-986-96734-7-1（平裝）
1. 民族文化 2. 民族性 3. 快樂 4. 美國

535.752　　109000874

為什麼我們拚命追求幸福，卻依然不快樂？

作　　者　露絲．惠普曼
譯　　者　謝靜雯、李亭穎

總 編 輯　瞿欣怡
責任編輯　張彤華
封面設計　Bianco Tsai
排　　版　游淑萍
印務經理　黃禮賢

社　　長　郭重興
發 行 人 兼出版總監　曾大福
出 版 者　小貓流文化／遠足文化事業股份有限公司
發　　行　遠足文化事業股份有限公司
地　　址　231 新北市新店區民權路 108-4 號 8 樓
電　　話　02-22181417
傳　　真　02-22188057
郵政劃撥帳號：19504465　戶名：遠足文化事業有限公司

法律顧問　華洋法律事務所／蘇文生律師

共和國網站　www.bookrep.com.tw
小貓流網站　www.meoway.com.tw

定　　價　380 元
初　　版　2020/02/10
I S B N　978-986-96734-7-1

小 貓 流